Assessoria de imprensa e mídias sociais para partidos políticos

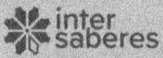

Assessoria de imprensa e mídias sociais para partidos políticos

Daniela Silva Neves

inter saberes

Rua Clara Vendramin, 58 . Mossunguê . CEP 81200-170 . Curitiba . PR . Brasil
Fone: (41) 2106-4170 . www.intersaberes.com . editora@intersaberes.com

Conselho editorial
   Dr. Alexandre Coutinho Pagliarini
   Dr.ª Elena Godoy
   Dr. Neri dos Santos
   Dr. Ulf Gregor Baranow
Editora-chefe
   Lindsay Azambuja
Gerente editorial
   Ariadne Nunes Wenger
Assistente editorial
   Daniela Viroli Pereira Pinto
Preparação de originais
   Gilberto Girardello Filho

Edição de texto
   Mille Foglie Soluções Editoriais
   Caroline Rabelo Gomes
Capa
   Iná Trigo (*design*)
   Ole moda, Sensvector, Art Alex e estherpoon/Shutterstock (imagens)
Projeto gráfico
   Bruno de Oliveira
Diagramação
   Estúdio Nótua
Designer responsável
   Iná Trigo
Iconografia
   Regina Claudia Cruz Prestes

Dados Internacionais de Catalogação na Publicação (CIP)
(Câmara Brasileira do Livro, SP, Brasil)

Neves, Daniela Silva
   Assessoria de imprensa e mídias sociais para partidos políticos/ Daniela Silva Neves. Curitiba, PR: InterSaberes, 2022.

   Bibliografia.
   ISBN 978-65-5517-228-7

   1. Assessores de imprensa 2. Assessoria de imprensa 3. Comunicação de massa – Aspectos políticos 4. Imprensa e política 5. Partidos políticos 6. Redes sociais on-line – Aspectos políticos I. Título.

22-99360   CDD-659.29070

Índices para catálogo sistemático:
1. Assessoria de imprensa   659.29070

Eliete Marques da Silva – Bibliotecária – CRB-8/9380

1ª edição, 2022.

Foi feito o depósito legal.

Informamos que é de inteira responsabilidade da autora a emissão de conceitos.

Nenhuma parte desta publicação poderá ser reproduzida por qualquer meio ou forma sem a prévia autorização da Editora InterSaberes.

A violação dos direitos autorais é crime estabelecido na Lei n. 9.610/1998 e punido pelo art. 184 do Código Penal.

Sumário

9 *Apresentação*
13 *Como aproveitar ao máximo este livro*

Capítulo 1
17 **Assessoria de imprensa no contexto das organizações**

(1.1)
19 História da assessoria de imprensa no mundo

(1.2)
21 Assessoria de imprensa no Brasil

(1.3)
27 Na prática: o que é assessoria de imprensa

(1.4)
32 Diferentes tipos de assessoria

(1.5)
35 Plano de assessoria

Capítulo 2
43 **Comunicação partidária**

(2.1)
45 Diferença entre assessoria empresarial e organizacional

(2.2)
50 Assessoria organizacional em partidos políticos: estrutura e prática

(2.3)
55 O que é crise de comunicação e imagem

(2.4)
60 Protocolo de crise

(2.5)
63 Relação entre assessoria e veículos de mídia

Capítulo 3
71 **A prática do trabalho do assessor de comunicação partidário**

(3.1)
73 Na prática: função da imagem e mensagem

(3.2)
75 O que é e como se faz um pronunciamento da direção partidária

(3.3)
79 O que é e como se faz um *release*

(3.4)
86 O que é e como se organiza uma coletiva de imprensa

(3.5)
88 O que é e como se faz um discurso de dirigente partidário

Capítulo 4
99 **Mídias sociais para partidos políticos**

(4.1)
101 O que são mídias sociais

(4.2)
104 Mídias sociais partidárias e discussão sobre *fake news*

(4.3)
109 Construção de imagem nas mídias sociais

(4.4)
112 Mídias sociais para eleições

(4.5)
114 Profissionais necessários para uma boa rede social partidária

Capítulo 5
121 **Análise de opinião pública nas redes sociais**

(5.1)
123 Como utilizar dados das redes sociais

(5.2)
125 Como mensurar imagem

(5.3)
127 SAC para redes partidárias

(5.4)
128 Comentários e *haters*: o que fazer

(5.5)
129 Do que estão falando e como

Capítulo 6
135 **Planejamento estratégico de comunicação partidária**

(6.1)
137 O que é um planejamento estratégico de comunicação

(6.2)
141 Diferentes comunicações partidárias para diversos partidos e momentos

(6.3)
143 Importância do assessor pessoal de comunicação partidária

(6.4)
144 Gestão de redes sociais: como fazer

(6.5)
147 Avaliação do trabalho: quando e como fazer

153 *Considerações finais*
155 *Lista de siglas*
157 *Referências*
171 *Respostas*
177 *Consultando a legislação*
179 *Sobre a autora*

Apresentação

A assessoria de imprensa é uma das atividades mais antigas dos jornalistas. Já no início do século XX, empresas e personalidades buscavam trabalho especializado do profissional de assessoria de comunicação para manter suas imagens e resolver problemas de crise.

Com o tempo, novas tecnologias foram surgindo, e o trabalho do assessor foi se modificando, mas sem perder o objetivo essencial, que é saber a melhor formar de comunicar e ter um bom relacionamento com profissionais de imprensa e das mais diversas mídias.

Este livro reúne a teoria sobre o trabalho de assessoria e também a prática vivida pela autora. Nossa intenção é fornecer um panorama geral sobre o trabalho desse profissional, bem como abordar as especificidades relacionadas à assessoria de partidos políticos ou de personalidades do mundo político.

A autora trabalha há 20 anos com temas ligados à política e há oito com comunicação política, especificamente. Primeiro, como repórter, tendo a ajuda de ótimos assessores e assessoras de imprensa. Depois, como assessora da Prefeitura de Curitiba e, posteriormente, de candidatos e pessoas com mandato. Além disso, trabalhou em caso de crise de imagem para uma empresa. Apesar de este livro ser baseado em estudos de pesquisadores e teóricos sobre o tema, a autora buscou articular a esses saberes parte das experiências vividas.

Com o advento das redes sociais e de suas constantes mudanças, o trabalho do assessor de comunicação política ficou ainda mais complexo. Cada vez mais o cuidado, a experiência e o gosto pela comunicação são essenciais para um bom resultado.

Diante do exposto, esta obra está dividida em seis capítulos.

No Capítulo 1, apresentamos o resgate da história da assessoria de imprensa e das relações públicas, que já iniciaram com os preceitos de transparência e do bom relacionamento, os quais até hoje devem nortear o trabalho do profissional dessa área.

No Capítulo 2, partimos para a questão partidária, sob a compreensão do que é uma organização e mostrando em que consiste a crise de imagem – um dos problemas mais frequentes quando o assunto é assessoria política.

No Capítulo 3, demonstramos algumas atividades que fazem parte do dia a dia do assessor, como construção de comunicados, *release*, coletiva de imprensa e preparação de discursos.

No Capítulo 4, voltado à comunicação por meio de redes sociais, contextualizamos a presença das *fake news*, um grande problema da comunicação política. Em seguida, abordamos a construção de imagem nas mídias sociais, as especificidades da comunicação nas redes para eleições e quais são os profissionais e as atividades necessárias para uma campanha.

No Capítulo 5, explicamos como analisar a opinião pública nas redes sociais, como montar um banco de dados, quais ferramentas dos aplicativos utilizar para registrar as métricas e o que fazer quando elas mostram que a imagem não é positiva ou que algo não está sendo bem-sucedido.

Por fim, no Capítulo 6, versamos sobre a importância do planejamento estratégico de comunicação. Reafirmamos a importância da pessoa assessora de comunicação para que tal planejamento seja exitoso e fornecemos dicas de como fazer a gestão das redes sociais.

Bons estudos!

Daniela Silva Neves

Como aproveitar ao máximo este livro

Empregamos nesta obra recursos que visam enriquecer seu aprendizado, facilitar a compreensão dos conteúdos e tornar a leitura mais dinâmica. Conheça a seguir cada uma dessas ferramentas e saiba como elas estão distribuídas no decorrer deste livro para bem aproveitá-las.

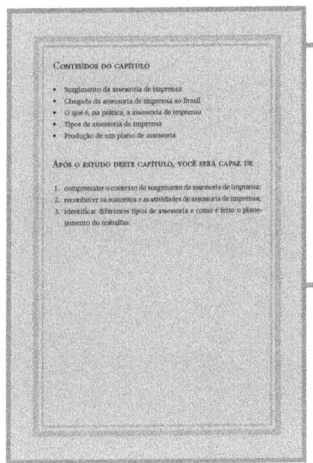

Conteúdos do capítulo

Logo na abertura do capítulo, relacionamos os conteúdos que nele serão abordados.

Após o estudo deste capítulo, você será capaz de:

Antes de iniciarmos nossa abordagem, listamos as habilidades trabalhadas no capítulo e os conhecimentos que você assimilará no decorrer do texto.

Síntese

Ao final de cada capítulo, relacionamos as principais informações nele abordadas a fim de que você avalie as conclusões a que chegou, confirmando-as ou redefinindo-as.

Estudo de caso

Nesta seção, relatamos situações reais ou fictícias que articulam a perspectiva teórica e o contexto prático da área de conhecimento ou do campo profissional em foco com o propósito de levá-lo a analisar tais problemáticas e a buscar soluções.

Para saber mais

Sugerimos a leitura de diferentes conteúdos digitais e impressos para que você aprofunde sua aprendizagem e siga buscando conhecimento.

Questões para revisão

Ao realizar estas atividades, você poderá rever os principais conceitos analisados. Ao final do livro, disponibilizamos as respostas às questões para a verificação de sua aprendizagem.

Questões para reflexão

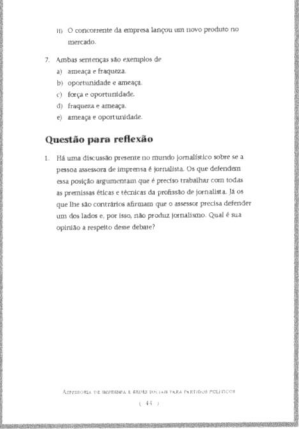

Ao propor estas questões, pretendemos estimular sua reflexão crítica sobre temas que ampliam a discussão dos conteúdos tratados no capítulo, contemplando ideias e experiências que podem ser compartilhadas com seus pares.

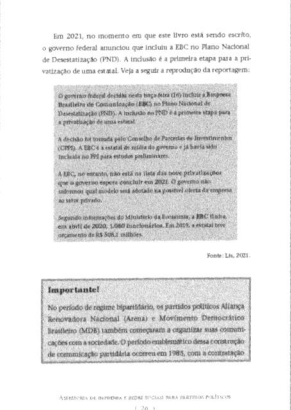

Importante!

Algumas das informações centrais para a compreensão da obra aparecem nesta seção. Aproveite para refletir sobre os conteúdos apresentados.

Daniela Silva Neves

Consultando a legislação

Consultando a legislação

As leis a seguir valem a pena ser consultadas, pois se referem à propaganda eleitoral:

BRASIL. Lei n. 8.214, de 24 de julho de 1991. Diário Oficial da União, Poder Legislativo, Brasília, DF, 25 jul. 1991. Disponível em: <https://www.planalto.gov.br/ccivil_03/leis/l8214.htm>. Acesso em: 16 dez. 2021.

BRASIL. Lei n. 9.100, de 29 de setembro de 1995. Diário Oficial da União, Poder Legislativo, Brasília, DF, 2 out. 1995. Disponível em: <https://www.planalto.gov.br/ccivil_03/leis/l9100.htm>. Acesso em: 16 dez. 2021.

BRASIL. Lei n. 9.504, de 30 de setembro de 1997. Diário Oficial da União, Poder Legislativo, Brasília, DF, 1 out. 1997. Disponível em: <http://www.planalto.gov.br/ccivil_03/leis/l9504.htm>. Acesso em: 16 dez. 2021.

BRASIL. Lei n. 11.300, de 10 de maio de 2006. Diário Oficial da União, Poder Legislativo, Brasília, DF, 11 maio 2006. Disponível em: <http://www.planalto.gov.br/ccivil_03/_ato2004-2006/2006/lei/l11300.htm>. Acesso em: 16 dez. 2021.

Listamos e comentamos nesta seção os documentos legais que fundamentam a área de conhecimento, o campo profissional ou os temas tratados no capítulo para você consultar a legislação e se atualizar.

Capítulo 1
Assessoria de
imprensa no contexto
das organizações

Conteúdos do capítulo

- Surgimento da assessoria de imprensa.
- Chegada da assessoria de imprensa ao Brasil.
- A prática da assessoria de imprensa.
- Tipos de assessoria de imprensa.
- Produção de um plano de assessoria.

Após o estudo deste capítulo, você será capaz de:

1. identificar o contexto do surgimento da assessoria de imprensa;
2. reconhecer os conceitos e as atividades de assessoria de imprensa;
3. diferenciar tipos de assessoria e como é feito o planejamento do trabalho.

(1.1)
História da assessoria de imprensa no mundo

A origem da assessoria de imprensa moderna está ligada à imagem das empresas. Em 1906, o jornalista Ivy Lee percebeu a necessidade de as organizações abrirem canais de comunicação para darem satisfação à opinião pública. Ele mudou a maneira de se relacionar com repórteres quando, em nome da empresa, em vez de esconder um acidente na Ferrovia Pennsylvania, chamou a imprensa para o local e lhe permitiu acesso a todos os dados. Isso impediu, como ocorrido em situações anteriores, a divulgação de rumores sobre as causas e consequência de acidentes. Assim, a empresa percebeu que repassar informações a repórteres ajudava a sociedade a compreender o ponto de vista dos proprietários da empresa, e não apenas o dos trabalhadores (Hielbert, 1966).

Já na Idade Média, na figura do arauto, havia um responsável pela imagem e comunicação dos imperadores (Bona, 2017), ou seja, tratava-se de uma estratégia fortemente ligada à política e ao poder. Mas, para o efeito prático deste livro, a contextualização será realizada a partir da figura dos profissionais de relações públicas e assessoria de imprensa, mais ligados às características atuais.

Ivy Lee ficou conhecido como o pai da moderna área de relações públicas, atividade empresarial que deu origem às assessorias de imprensa. A assessoria nasceu, assim, baseada na abertura para a troca de informações entre as organizações e a imprensa, considerada historicamente uma das principais instituições formadoras e influenciadoras da opinião pública e, portanto, da crítica social. É importante mencionar que Lee trabalhava anteriormente em um jornal, o que o torna um conhecedor da rotina e da forma de pensar da imprensa.

Em 1914, o mesmo profissional foi contratado para reconstruir a imagem de John D. Rockefeller junto ao público. Os Rockefellers foram responsabilizados pela morte de diversos mineiros, duas mulheres e 11 crianças, em um conflito causado durante uma greve, dentro de uma empresa da qual eram os maiores sócios. Isso gerou uma crise de imagem de todas as organizações da família perante a opinião pública, principalmente porque enfrentavam carismáticos líderes dos trabalhadores e com boa capacidade de discurso. A esse respeito, de acordo com Lattimore et al. (2011, p. 41): "Lee aconselhou o Rockefeller mais jovem a praticar uma política de abertura e, depois da greve, recomendou que Rockfeller visitasse os campos de mineração para observar as condições em primeira mão".

Essa prática de transparência ainda foi somada a informativos produzidos para os trabalhadores das empresas, a exemplo de panfletos, folhetos e boletins para todos os públicos, como clientes e fornecedores, além de outros materiais produzidos para líderes políticos, que definiam as leis e atividades do setor (Lattimore et al., 2011). Ou seja, tem-se, aqui, uma ampla visão sobre o papel da comunicação, que extrapola a relação com a imprensa.

Como detalharemos adiante, a boa assessoria de comunicação de uma organização, sendo ela empresa, partido político ou personalidade pública, deve servir como canal de intermediação para todas as pessoas e grupos que façam parte das relações do assessorado. Esses são chamados de *stakeholders*, ou partes interessadas, em tradução não literal (Indriunas, 2020). Trata-se dos públicos interno da organização (administração, trabalhadores) e externo (imprensa, clientes ou governo, por exemplo), além do público em potencial (futuros clientes ou organizações com as quais se pretende uma aproximação). Por isso, a assessoria de imprensa deve estar sob um guarda-chuva comunicacional, como desenhou Ivy Lee em 1906 e como, cada vez mais, e principalmente após o fortalecimento das redes sociais, essa área é entendida hoje.

Compreender a proposta do "pai" da assessoria de imprensa é fundamental para assessores de partidos políticos, pois a estratégia adotada por Lee vem de um berço político e eleitoral. Antes de ser consultor de empresas, ele trabalhou no Comitê Democrata de Nova York. A proposta para o mais jovem Rockefeller se revela o campo da política partidária mais pura: expor suas ideias e construir uma imagem positiva. Isto é, traçar planos de conquista da opinião pública e cooptar ativistas partidários que não apenas se identifiquem com a imagem do partido à distância (os chamados simpatizantes), como também queiram seguir com ele.

(1.2)
Assessoria de imprensa no Brasil

A industrialização brasileira dos anos 1960, principalmente do setor automotivo, foi fundamental para a profissionalização da assessoria de imprensa no Brasil.

Montadoras como Volkswagen, Ford, e fornecedoras delas, como a Pirelli Pneus, organizaram seus setores internos de imprensa e relações públicas orientadas para informar jornais, revistas e rádios sobre suas novidades de mercado. Jorge Duarte (2009) conta que as empresas utilizaram a experiência de jornalistas de imprensa para conquistar espaço nos meios de comunicação de massa.

Com o setor de imprensa, a fábrica não queria, necessariamente, que os nomes do produto ou da imprensa fossem citados, e sim que o tema transporte integrasse a rotina nas pautas das redações. A empresa passaria a ser, dessa forma, uma fonte legítima do assunto, gerando credibilidade diante dos jornalistas e da sociedade (Duarte, 2009).

Essa estratégia é fundamental até hoje, ainda mais em tempos de geração de conteúdo (conforme será detalhado nos capítulos seguintes do livro) e da avalanche de informações gerada pelas redes sociais. Ter o nome citado como fonte de credibilidade em um meio de comunicação gera muito mais retorno de imagem para a empresa do que a simples citação de nome ou marca. Isso porque comunica a ideia de confiança, e não mais da tentativa de vender um produto ou de convencer de uma ideia.

Aqui, citamos o exemplo da Volkswagen, embora não seja o mais antigo em *cases* de sucesso em relações públicas. Nos anos 1950, a empresa petrolífera Esso e a de eletricidade de São Paulo Light foram consideradas pioneiras na criação desses setores e em se preocupar com sua imagem pública.

Foi nas décadas de 1960 e 1980 que as assessorias, principalmente na região da cidade de São Paulo, profissionalizaram-se, tornando-se um dos principais campos de trabalho para jornalistas. Esse fortalecimento gerou mudanças para o trabalho do assessor: primeiro, a assessoria passou a ser considerada um trabalho de jornalista, e não mais de relações públicas (Chaparro, 2006), o que carregava muito o estigma da publicidade da empresa. Com isso, os sindicatos dos jornalistas também passaram a contar com grupos e preocupações específicas para as assessorias de imprensa, ajudando a valorizar a função.

Com o tempo, tais profissionais foram ocupando postos dentro de organizações e em empresas especializadas em assessoria de imprensa; e isso não apenas para produzir sugestões de pauta para os meios de comunicação, mas também informativos internos e externos, vídeos, jornais, entre outros produtos de comunicação feitos com qualidade. Segundo cálculos do Sindicato dos Jornalistas Profissionais do Distrito Federal, em 1993, metade dos 25 mil jornalistas brasileiros estava de alguma maneira relacionada com atividades de assessoria de imprensa ou similares (Duarte, 2001, p. 18).

Por outro lado, esses profissionais atuavam como facilitadores do trabalho dos jornalistas, agilizando a busca de dados e de informações e ajudando a criar a cultura da transparência nas empresas (Duarte, 2009).

É interessante frisar que, à época, era importante, para os assessores, tornarem-se independentes das relações públicas da empresa ou terem sua atividade valorizada como específica. Atualmente, porém, com o enfraquecimento das redações e a forte produção de conteúdo para redes sociais voltada para os *stakeholders*, novamente as funções de assessor de imprensa/comunicação e relações públicas passaram a ser pensadas como uma estratégia única. Isso ocorreu porque o fechamento de jornais impressos e o fortalecimento de *blogs* e de influenciadores digitais estimulam a necessidade de tornar a empresa uma referência no tema de sua área. Contudo, isso não mais se dá com uma estratégia única e voltada aos meios de comunicação tradicionais. Esses são um dos diversos alvos que a área de comunicação da empresa deve atingir.

1.2.1 Assessoria governamental

Na área pública, a assessoria de imprensa e comunicação foi marcada na década de 1930 pela estruturação do Departamento Oficial de Propaganda e Imprensa Nacional (DIP), que controlava a informação, repassando para os meios de comunicação de massa o que se pretendia divulgar sobre o governo (Bona, 2017). Fazia parte de um conjunto de comunicação governamental da era Getúlio Vargas, formado também pelo Departamento de Propaganda e Difusão Cultural (DPPC) e pelo Departamento Nacional de Propaganda (DNP), mas voltado para propaganda nas emissoras de rádio, o grande meio de comunicação de massa daquele momento. É dessa época a criação do programa de rede nacional de rádio *A Voz do Brasil*, em vigor até hoje, com poucas modificações (Bucci, 2015).

Da mesma forma, na década de 1960, houve a criação da Assessoria Especial de Relações Públicas da Presidência da República (Aerp), com o objetivo de propagar as ideias do regime militar. A Aerp era responsável pela criação de peças publicitárias veiculadas em emissoras de televisão e textos em forma de matérias, as quais eram publicadas na íntegra nos jornais impressos, na intenção de gerar confiabilidade para as notícias vindas da presidência (Gonçalves; Almeida; Oliveira, 2011).

Esses dois períodos de controle maior das informações pelo Estado diminuíram as premissas de transparência entre governo e imprensa, pois toda informação a ser repassada para os veículos de mídia era analisada por órgãos de censura do governo (Bona, 2017).

Todavia, mesmo em períodos mais democráticos, a comunicação pública no Brasil sempre foi usada como instrumento de promoção partidária e de seus dirigentes ou líderes (Bucci, 2015). É inegável a importância da comunicação pública para anunciar medidas de políticas públicas, prestar serviço para a sociedade e dar transparência a atos e dados públicos, ou seja, que pertencem à sociedade; contudo, no Brasil, ajudada pelos departamentos de comunicação dos períodos ditatoriais, a comunicação pública se mistura à comunicação eleitoral permanente (Galicia, 2010). Por esse mecanismo, busca-se a identificação do eleitor/cidadão com algumas "etiquetas", ou ações de governo fortemente trabalhadas no mandato e levadas para as campanhas como marcas fundamentais do governante.

Por isso, em 2007, surgiu a ideia de uma empresa pública de comunicação que fosse constituída para manter um formato realmente público. Nesse sentido, a Empresa Brasil de Comunicação (EBC) foi criada após discussão no I Fórum Nacional de TVs públicas, realizado em Brasília, com a participação de representantes de setores da sociedade civil, como cineastas, jornalistas e de movimentos sociais. O objetivo da empresa seria organizar um sistema de televisão pública no país. Em sua instalação, passou a abrigar todo o sistema de emissoras e agências públicas de comunicação. A discussão deu origem a uma Medida Provisória e se tornou lei em 2008 (Lei n. 11.652, de 7 de abril de 2008 – Brasil, 2008), a qual prevê um conselho curador que delibera sobre a linha editorial e fiscaliza o conteúdo, a fim de que este mantenha um caráter público. De acordo com Orth e Soares (2020, p. 441): "De imediato a empresa herdou os canais de rádio e TV geridos pela estatal Radiobrás e pela Associação de Comunicação Roquette-Pinto (Acerp), além de unificar e gerir as emissoras federais já existentes, instituindo assim, o Sistema Público de Comunicação".

Apesar dessa tentativa, em 2015, o conselho curador convocou um seminário para analisar o papel da EBC e chegou à conclusão de que a empresa representou um avanço, porém, na prática, ela trabalhava muito a serviço da estratégia de imagem do governo federal. A maior crítica feita foi em relação à ligação com a Secretaria de Comunicação da Presidência da República, o que não seria a melhor forma para a garantia de uma comunicação pública realmente autônoma (Orth; Soares, 2020).

Em 2019, no início do governo Jair Bolsonaro, a autonomia das instituições públicas de comunicação deu um passo atrás, com a fusão da TV Brasil – de conteúdo cultural, artístico e científico – e da TV Nacional do Brasil (NBR), responsável pela divulgação da agenda e das ações do governo federal. A programação da nova emissora foi modificada, diminuindo a função da TV Brasil (Orth; Soares, 2020).

Em 2021, no momento em que este livro está sendo escrito, o governo federal anunciou que incluiu a EBC no Plano Nacional de Desestatização (PND). A inclusão é a primeira etapa para a privatização de uma estatal. Veja a seguir a reprodução da reportagem:

> O governo federal decidiu nesta terça-feira (16) incluir a **Empresa Brasileira de Comunicação (EBC)** no Plano Nacional de Desestatização (PND). A inclusão no PND é a primeira etapa para a privatização de uma estatal.
>
> A decisão foi tomada pelo Conselho de Parcerias de Investimentos (CPPI). A EBC é a estatal de mídia do governo e já havia sido incluída no PPI para estudos preliminares.
>
> A EBC, no entanto, **não está na lista das nove privatizações que o governo espera concluir em 2021**. O governo não informou qual modelo será adotado na possível oferta da empresa ao setor privado.
>
> Segundo informações do Ministério da Economia, a **EBC tinha, em abril de 2020, 1.080 funcionários**. Em 2019, a estatal teve orçamento de R$ 508,1 milhões.

Fonte: Lis, 2021.

Importante!

No período de regime bipartidário, os partidos políticos Aliança Renovadora Nacional (Arena) e Movimento Democrático Brasileiro (MDB) também começaram a organizar suas comunicações com a sociedade. O período emblemático dessa construção de comunicação partidária ocorreu em 1985, com a contratação

> do jornalista Antônio Britto como porta-voz do então presidente eleito pelo colégio eleitoral, Tancredo Neves. O mineiro seria o primeiro presidente civil do Brasil no período de abertura do regime militar e conduziria o processo de democratização. No entanto, adiou essa busca por problemas de saúde e, após eleito, acabou sendo internado às pressas para uma cirurgia de emergência e ficou 38 dias tentando se recuperar, até que, no dia 21 de abril de 1985, veio a falecer (Puff, 2015).

Como conta Clovis Rossi (1986), o papel de Brito foi muito maior do que o de um facilitador dos jornalistas para a busca de informações nesse período tão dramático da história nacional. Afinal, ao ser o responsável pela leitura dos boletins oficiais, passou a ter uma obrigação política com o país. A força dessa história fez Britto – que iniciou a carreira como jornalista no Rio Grande do Sul, passando por vários veículos até chegar à Rede Globo, em Brasília – entrar para a vida política, sendo eleito deputado federal em 1986, pelo MDB, e governador do Rio Grande do Sul, em 1994.

(1.3)
NA PRÁTICA: O QUE É ASSESSORIA DE IMPRENSA

O assessor de imprensa é considerado um intermediador, ou elo, entre a empresa/organização/assessorado e os meios de comunicação. Sua função é atender às demandas por informação relacionadas a uma organização ou fonte em particular e, ao mesmo tempo, implementar a melhor estratégia de divulgação de atos dessa organização ou fonte. Jorge Duarte (2009, p. 51) reitera: "A atividade de assessoria de imprensa pode ser conceituada como a gestão do relacionamento e dos fluxos de informação entre fontes de informação e imprensa. Busca, essencialmente, atender às demandas por informação relacionadas a uma organização ou fontes de informação e imprensa".

Assim, esse profissional pode assessorar governo, partidos políticos, sindicatos, entidades de classe, organizações não governamentais (ONGs), empresas da iniciativa privada de diferentes tamanhos ou mesmo uma pessoa que queira se projetar ou divulgar suas ações para meios de comunicação. Cada um desses entes guarda especificidades na forma de se pensar e fazer a comunicação. Por isso, considera-se que a assessoria trabalha com tipos de comunicação diferentes, os quais apresentaremos na seção a seguir.

A função de assessor sempre foi preferencialmente realizada por jornalistas porque são eles, pela formação e prática em veículos de comunicação, que compreendem melhor as rotinas e os processos dos meios e veículos, como emissoras de rádio, televisão, *sites* e *blogs* de notícias. Esse conhecimento é fundamental no trabalho de um assessor, pois ele tem de traduzir para o público leigo no assunto em questão a informação que seu assessorado pretende divulgar.

Consideremos como exemplo uma situação em que há uma condenação por danos morais sentenciada contra um dirigente partidário ou toda a direção do partido. Tal decisão, a depender de como seja comunicada à imprensa, pode gerar danos à imagem do dirigente ou da direção. Nesse caso, cabe ao assessor de imprensa responder ou mesmo produzir um *release* ou nota em que se explique a defesa do caso, bem como as medidas de recursos judiciais que serão tomadas pelo partido ou dirigente afetado. O tamanho e o formato dessa resposta dependem de vários fatores, como o tempo para a resposta, as informações coletadas até o momento ou até o peso que se pretende dar à notícia. Muitas vezes, por mais indignado que o assessorado fique e tenha vontade de dar uma entrevista de forma enérgica, não é a melhor estratégia seguir para o ataque. Decisões judiciais para as quais ainda cabe recurso são bons exemplos de que, em vários cenários, uma nota, sem entrevista, é melhor do que uma comunicação ampla e enfática, a não ser que não se tema descontentar um juiz ou corte que julgará o recurso.

Por trabalhar de acordo com um plano de comunicação já definido com o cliente, entender de opinião pública, ser o guardião da imagem do assessorado e ter conhecimento do *modus operandi* dos jornalistas que cobrem determinado assunto, o assessor é a figura mais indicada para definir a estratégia de resposta ou divulgação para cada tipo de caso. Cabe esclarecer, porém, que esse profissional não toma decisão sozinho. Tanto seu cliente quanto as equipes técnicas, como as formadas por advogados, devem opinar sobre a estratégia específica em casos de gestão de crise (esse tema será abordado no Capítulo 2).

Entretanto, mesmo que não se trate de uma situação de crise, e sim do interesse da empresa/do órgão em divulgar determinada informação, é exatamente por saber o que atrai um jornalista, blogueiro ou *influencer* daquela área que o jornalista é o mais indicado para produzir estratégias de divulgação. Entre infográficos, áudios ou *videoreleases*, notas, ou depoimentos, a escolha do formato dependerá do que será transformado em notícia, assim como dos tipos diferentes de meios de comunicação que se pretende atingir. Se é uma revista especializada na área da empresa/organização, o público-alvo leitor tende a preferir uma informação mais técnica do que um ouvinte de uma rádio FM, por exemplo.

Como se percebe, essa não é uma tarefa fácil. É comum que um cliente queira divulgar um tema que não interessa naquele momento para a mídia. Para a assessoria de imprensa atual, assim como era para a Volkswagen nos anos 1970, gera muito mais credibilidade ser fonte natural de um tema, ou seja, ser procurado espontaneamente para falar sobre determinado assunto – como um educador que sempre é chamado para dar entrevista quando o assunto é engajamento e *performance* do estudante. Essa é a mídia espontânea, aquela não paga, que inspira mais confiança e credibilidade ao público que recebe a notícia.

Em virtude disso, cabe ao assessor explicar ao cliente que aquele não é o melhor momento ou que, por mais que a equipe considere o tema relevante, nenhum veículo se interessou pelo assunto. Por outro lado, ter um jornalista que conheça os colegas das redações, que mantenha bom relacionamento pessoal e profissional, é de grande auxílio no momento de propor uma pauta ou entrevista.

O assessor precisa estar preparado para saber "vender" seu trabalho aos que querem se relacionar com a mídia (Mafei, 2015), ou seja, mostrar a importância de publicizar seus atos e, ao mesmo tempo, explicar que não tem domínio do que será publicado e se será publicado.

Veículos de comunicação oferecem espaços pagos (conteúdo de marca – em inglês, *branded content* – e anúncios) com formato de notícia, cada vez mais comuns até como forma de alternativa à crise de recursos publicitários. Como anúncios nas redes sociais e no Google são bem mais baratos, os meios de comunicação perderam muitas fontes de recurso na última década. Dessa forma, há sempre a alternativa do espaço pago para divulgação, o que não garantirá o mesmo alcance e credibilidade de uma mídia espontânea.

O *branded content*, ou jornalismo de marca, é um conteúdo produzido com técnicas e formatos jornalísticos para promover, direta ou indiretamente, uma marca (Araújo, 2018). É feito diretamente quando cita a empresa e indiretamente quando fala de temas tendo como fonte alguém da empresa ou a própria organização.

Geralmente, tais espaços são anunciados como pagos, mesmo que de forma disfarçada. Acima do conteúdo, deve constar um aviso do tipo: conteúdo pago; conteúdo produzido pela equipe de *branded content*.

Eticamente, os veículos são obrigados a comunicar a seus leitores/seguidores que aquele não é um conteúdo genuinamente jornalístico produzido por eles, mas, sim, pago, mesmo que a produção do conteúdo fique a cargo da equipe do veículo. Isso porque hoje os maiores veículos de todos os meios: rádio, televisão e *sites* contam com equipes especializadas em *branded contents*, os quais são comercializados em forma de projetos, com pauta definida entre o comprador do espaço e a equipe editorial.

No dia a dia, a assessoria produz conteúdos para meios de comunicação, redes sociais e comunicações internas de empresas. É na produção de diferentes materiais que se dividem as funções de assessor de imprensa e assessor de comunicação. O primeiro elabora os materiais para a imprensa, enquanto o segundo produz conteúdos para os diversos meios de divulgação da organização.

Para os meios de comunicação, são escritos textos em forma de notícia (chamados de *releases*); para as redes sociais, diversas informações são compartilhadas em forma de *posts*, *stories*, vídeos e áudios ou textos para *blogs*. Já na comunicação interna ou voltada a um público de interesse, ainda podem ser produzidos *newsletters*, jornais, revistas, boletins impressos, cartazes ou textos e conteúdos para arte a serem divulgados via mensagem rápida (Whatsapp, Telegram e aplicativos similares).

Detalharemos esses produtos da assessoria nos próximos capítulos deste livro. O fundamental para compreender o dia a dia de um assessor de imprensa ou de comunicação é que toda produção deve seguir um plano de comunicação que dite as estratégias a serem utilizadas de acordo com os objetivos que se pretende atingir.

(1.4)
Diferentes tipos de assessoria

Apesar de existir uma rotina e padrões comuns, o trabalho do assessor difere conforme o assessorado e o tipo de assessoria prestada. Ser assessor de um time de futebol, por exemplo, é diferente de trabalhar na assessoria de um deputado estadual, o que também se distingue de prestar serviço para uma organização do terceiro setor.

A primeira característica que define tais diferenças é se a assessoria é interna à empresa/organização ou se é externa (uma agência de assessoria que presta serviço para o local mediante contrato). O modelo de trabalho dependerá muito dos objetivos do contratante. Se há volume diário de produção de *releases* e de outros materiais de comunicação, geralmente a preferência é por uma assessoria interna, pois ela gera melhor comunicação entre os setores e confere agilidade à produção do material e ao envio para a imprensa. A grande vantagem da assessoria interna é que o profissional pode acompanhar todos os processos técnicos e de decisão do cliente e, assim, compreender melhor a cultura e a imagem da empresa/organização.

Entretanto, há a opção de contrato por assessorias terceirizadas, seja por redução de custos, seja por um volume de trabalho que não justifica ter jornalistas contratados. Normalmente, as assessorias internas têm contato direto com a direção de marketing da empresa e seguem as rotinas e pautas definidas em conjunto.

Há, ainda, o trabalho sazonal, chamado de *freelancer* (ou *job*), para eventos ou casos específicos que exigem divulgação. Pode ser uma feira de produtos ou o lançamento de uma pré-candidatura a prefeito, por exemplo, cujos clientes precisam de um assessor por um curto período de tempo. Jornalistas e assessores de comunicação podem abrir empresas, como microempreendedores individuais (MEIs), prestando tal serviço mediante a emissão de notas. Por isso, trata-se de um modelo cada vez mais utilizado atualmente.

Quando o trabalho é de assessoria para órgãos de governo, a função prioritária é buscar aprovação pública para ações implantadas, isto é, o apoio da opinião pública para a implantação de leis e programas (Mafei, 2015). Também é função dessa assessoria pública dar transparência aos atos de governo, sanar dúvidas dos cidadãos e fornecer dicas sobre como podem usufruir de um serviço público, como o processo para ter uma carteira de motorista, por exemplo (são as chamadas *matérias de serviço*).

Em ONGs, a assessoria de imprensa também atua para repassar informações de utilidade pública, para ajudar a empresa a receber recursos financeiros destinados a projetos, entre outros objetivos (Mafei, 2015).

O assessor de um partido, ou de um político com mandato, acompanha a agenda do assessorado, repassando seus posicionamentos e projetos por meio de notas ou *releases* para a imprensa, também na intenção de conquistar a opinião pública. Ainda, esse profissional auxilia a escrever discursos para serem proferidos em plenário, assim como palestras e outros pronunciamentos.

No caso de assessoria política, além de conquistar espaço em veículos maiores, também é importante pautar veículos que tratem de bastidores. Por isso, é função do jornalista estar sempre atento a *blogs* e colunas políticas, ter um bom relacionamento com os blogueiros e colunistas e repassar notas interessantes. Nas redes sociais, comunicar as ideias apresentadas pelo político ou partido, seja com arte feita por um *designer* e com legenda ou por meio de um vídeo com depoimento do próprio partido/político, é uma boa forma de ajudar a divulgar as atividades do assessorado.

Nessa ótica, o assessor pode ajudar resumindo as ideias, visto que vídeos de mais de um minuto são pouco visualizados nas redes. Políticos costumam falar bem – e, por vezes, muito; logo, cabe ao assessor fazer um resumo ou uma edição dessa fala sem prejudicar o raciocínio.

Para todos os tipos de assessoria, além dos materiais e das atividades específicos, cumpre ao profissional de comunicação preparar seu assessorado para todos os pronunciamentos públicos, principalmente as entrevistas. O assessor deve promover um levantamento de todos os dados e informações relevantes para a entrevista a fim de compor um resumo (*briefing*), mesmo que a pessoa seja especialista na área e tenha os dados em mente. É importante, também, que todos na empresa/organização saibam que a pessoa responsável pelo contato com jornalistas é o assessor de imprensa, o que evidencia que tal profissional tem de se preparar e controlar a conversa (Bona, 2017). Conforme expõe Bona (2017, p. 94): "O assessor por excelência é aquele que, quando o jornalista entra em contato, pergunta tudo o que ele precisa e para qual prazo, envia material preparado anteriormente e aponta quais seriam as melhores pessoas para serem entrevistadas".

Em todos os casos, o assessor deve ter a confiança do assessorado para poder tomar a melhor decisão de divulgação em cada caso, sempre em nome da boa imagem deste (Mafei, 2015).

A imagem corresponde à maior reputação de uma empresa/organização quando o assunto é relação com a sociedade, e a mídia é fundamental nesse processo. A comunicação permite construir a imagem, a reputação e a identidade da organização, bem como torna-a reconhecida pelo público interno ou pela opinião pública (Brandão, 2009). Nas decisões sobre uma logomarca, o tom de um discurso ou a divulgação de novos produtos, o profissional da comunicação é estratégico na construção dessa marca, a qual pode ser tanto de uma grande empresa quanto de uma pessoa (como político ou uma celebridade das redes sociais).

(1.5)
Plano de assessoria

Um assessor de imprensa experiente e com uma visão de comunicação 360° sabe que, ao iniciar um trabalho, não pode simplesmente lançar mão de fórmulas prontas que deram certo para outros clientes. Isso porque cada empresa ou pessoa a ser assessorada tem comportamento, cultura e modos diferentes de se relacionar com a sociedade.

A comunicação 360°, ou comunicação integrada, é uma estratégia para reunir todas as ações de comunicação e marketing em um único lugar. Isso significa ter uma equipe de comunicação multidisciplinar para programar todas as ações, seja de assessoria de imprensa, comunicação interna ou externa, marketing de produto e de marca, tudo sob um mesmo guarda-chuva (Pires, 2017). Todo o plano de comunicação e assessoria de imprensa precisa integrar o planejamento da organização, compreendendo seus objetivos e metas.

Para que essa estratégia seja bem-sucedida, a primeira tarefa da assessoria é estudar a empresa. Nesse caso, é possível usar técnicas da área de administração para fazer um diagnóstico que resulte em um plano para o trabalho de assessoria. A estratégia SWOT é clássica: vem das iniciais das palavras *strenghts* (forças), *weaknesses* (fraquezas), *opportunities* (oportunidades) e *threats* (ameaças) (Biagio; Batocchio, 2005). Dessa forma, trata-se de um exercício de mapear todas as estratégias atuais de comunicação: Quais materiais e rotinas produzidas atualmente estão dando certo? O que falta? Como seu concorrente se comunica? O que ele faz melhor do que você? E quais oportunidades de comunicação estão sendo perdidas ou mal exploradas?

É importante, também, ter a compreensão de quem é o público-alvo de toda a estratégia de comunicação e quem são os *stakeholders*. Isso quer dizer que algumas perguntas precisam ser respondidas: Quem são as pessoas que devem ser atingidas pela comunicação? Além do público principal, quais outros representantes, sejam aliados, fornecedores ou grupos de interesse, fazem parte do trabalho e precisam receber a comunicação? De que forma e por que meios tais pessoas se informam? Elas interagem nas redes sociais? Quais são os valores e hábitos delas? Todos esses questionamentos compõem um quadro de diagnóstico para a definição do planejamento.

O Quadro 1.1, a seguir, é um exemplo de como cada material de comunicação pode ser estudado:

Quadro 1.1 – Mapeamento de pontos fortes e fracos

Tipo de comunicação	Ponto forte	Ponto fraco
Comunicação interna formal e informal		
Comunicação com filiados		
Comunicação institucional		
Comunicação política com eleitores		

Esse diagnóstico representa o primeiro passo para se montar um plano de médio e longo prazo. Geralmente, há um plano semestral ou anual que se divide em períodos menores, conforme os objetivos e as metas de cada caso. Como explica Margarida Kunsch (2003), o planejamento prevê um pensamento estratégico, que orienta para uma visão dinâmica de planejamento. Isto é, trata-se de uma visão integrada de direção que será tomada, o que não significa que precisa ser rígida. O planejamento também muda em função da cultura da empresa e de como essa estratégia, ao ser implementada, vai se adaptando. Logo, os responsáveis pela implementação da estratégia precisam ter uma visão abrangente e sensibilidade para, diante de um monitoramento das etapas de implementação, adaptar o plano inicial (Kunsch, 2003).

Tendo essas premissas em vista e o diagnóstico realizado, cabe à equipe de comunicação planejar. É importante colocar objetivos e as metas nessa estratégia. Por exemplo:

- **Objetivo 1**: tornar a organização mais conhecida na cidade.
  - meta 1: dobrar o número de seguidores nas redes sociais no próximo semestre;
  - meta 2: inserir a organização em matérias de *sites* relevantes de notícias – ao menos uma matéria por mês em cada veículo listado.
- **Objetivo 2**: fazer do diretor uma fonte importante da área.
  - meta 1: inserir entrevistas do diretor em veículos especializados do setor;
  - meta 2: criar um *blog* no qual serão publicadas opiniões do diretor, as quais também serão direcionadas para as redes sociais.

O número de objetivos e metas depende da estratégia de toda a empresa. A comunicação deve se basear na estratégia global para definir de que forma pode atuar para colaborar com as metas gerais. Conforme a estratégia global, a empresa tem de definir qual mensagem quer passar ao público-alvo e aos *stakeholders*.

Essa mensagem e os objetivos gerais levam à definição do tipo de material a ser produzido (se digital ou impresso), para quais públicos divulgar e em qual momento lançar cada material – planejamento da comunicação.

O planejamento traça as grandes linhas para o trabalho de comunicação. Em outras palavras, refere-se a "pensar o que deve ser dito (mensagem), a que público (receptor) se destina a comunicação e qual o momento mais oportuno e onde ela deve acontecer, detectando-se as ameaças e as oportunidades do ambiente organizacional" (Kunsch, 2003, p. 273).

Após o diagnóstico, a criação do plano estratégico da empresa e o estabelecimento dos objetivos e das metas específicas da comunicação – sempre em conformidade com a mensagem que se pretende passar –, compete aos assessores de comunicação e imprensa desenhar o planejamento (temática discutida no Capítulo 6).

Para saber mais

O caso do trabalho do jornalista Antônio Brito como porta-voz durante o momento de internamento e morte do Presidente Tancredo Neves pode ser visto em:

GLOBO.TV. **Tancredo Neves – Eleição e morte (1985)**.
   Disponível em: <http://globotv.globo.com/rede-globo/memoria-globo/v/tancredo-neves-eleicao-e-morte-1985/2302914/>. Acesso em: 21 jan. 2022.

TVE RS. **Especial 30 anos da morte de Tancredo Neves – Entrevista Antonio Brito.** Disponível em: <https://www.youtube.com/watch?v=JP7-xc2dlCA>. Acesso em: 21 jan. 2022.

Síntese

Neste primeiro capítulo, apresentamos parte da história da assessoria de imprensa no mundo e no Brasil, explicamos em que contexto ela foi criada e quais são seus objetivos, muitos presentes até hoje.

Também, abordamos os diversos tipos de assessoria e os principais produtos com os quais essa área trabalha. Mencionamos, ainda, que todo o trabalho deve ser baseado em um plano e planejamento de comunicação.

Logo, este foi somente um capítulo de apresentação, sendo que nos próximos você conhecerá em mais detalhes o trabalho da assessoria de comunicação, especificamente voltado para partidos políticos.

Questões para revisão

1. O chamado pai da assessoria de imprensa, Ivy Lee, prezava muito pela transparência na relação entre empresas e imprensa. A esse respeito, explique de forma discursiva como Lee enxergava o papel da comunicação, o que é um legado até hoje.

2. A industrialização brasileira impulsionou a assessoria de imprensa no Brasil. Exemplifique estratégia utilizada pelas empresas para se tornar fonte de notícias.

3. O assessor de imprensa é considerado um intermediador, ou elo, entre a empresa/organização/assessorado e os meios de comunicação. Sua função é atender às demandas por informação relacionadas a uma organização ou fonte em particular e, ao mesmo tempo, implementar a melhor estratégia de divulgação de atos dessa organização ou fonte. Diante dessa afirmativa, analise as assertivas a seguir e marque V para a(s) verdadeira(s) e F para a(s) falsa(s):

( ) O assessor deve ser sincero com seu assessorado quando um assunto não tem força suficiente para ser repassado à imprensa ou quando julgar que não é o momento adequado.

( ) Em partidos, ONGs e sindicatos, não há assessores de imprensa, já que essas são entidades políticas, e o jornalista deve ser neutro.

( ) *Branded content* é considerado um conteúdo a ser produzido por assessores de comunicação, pois está relacionado à construção da imagem da empresa.

Agora, indique a alternativa que apresenta a sequência obtida:
a) V, F, F.
b) V, V, V.
c) V, F, V.
d) F, F, V.
e) V, V, F.

4. Para todos os tipos de assessoria, além dos materiais e das atividades específicas, cabe ao profissional de comunicação preparar seu assessorado para todos os pronunciamentos públicos, principalmente entrevistas. Nessa perspectiva, o

assessor deve fazer um levantamento de todos os dados e informações relevantes para a entrevista. Como chamamos esse resumo dos dados e informações?
a) *Timing.*
b) *Media training.*
c) *Content.*
d) *Briefing.*
e) *Release.*

5. Explique, de forma discursiva, o que é comunicação 360° ou comunicação integrada.

6. A estratégia SWOT vem das iniciais das palavras, em Inglês, *strengths* (forças), *weaknesses* (fraquezas), *opportunities* (oportunidades) e *threats* (ameaças). Agora, analise as duas sentenças que seguem:
   I) Nem todos os setores da organização têm ciência das decisões estratégicas da direção, mesmo depois de uma semana da decisão tomada.
   II) O concorrente da empresa lançou um novo produto no mercado.

   Ambas sentenças são exemplos de
   a) ameaça e fraqueza.
   b) oportunidade e ameaça.
   c) força e oportunidade.
   d) fraqueza e ameaça.
   e) ameaça e oportunidade.

Questão para reflexão

1. Há uma discussão presente no mundo jornalístico sobre se a pessoa assessora de imprensa é jornalista. Os que defendem essa posição argumentam que é preciso trabalhar com todas as premissas éticas e técnicas da profissão de jornalista. Já os que lhe são contrários afirmam que o assessor precisa defender um dos lados e, por isso, não produz jornalismo. Qual é sua opinião a respeito desse debate?

Capítulo 2
Comunicação partidária

Conteúdos do capítulo

- Assessoria empresarial e organizacional.
- Estrutura da assessoria organizacional em partidos políticos.
- Crise de comunicação e imagem.
- Enfrentamento de crise de imagem.
- Relacionamento entre jornalistas de assessoria e de veículos de mídia.

Após o estudo deste capítulo, você será capaz de:

1. detectar em qual contexto se enquadra a assessoria de partidos políticos;
2. identificar diferenciais da assessoria em partidos políticos;
3. gerenciar situações de crise;
4. aplicar o protocolo de crise, quando necessário;
5. ampliar as habilidades de relacionamento com a imprensa.

(2.1)
DIFERENÇA ENTRE ASSESSORIA EMPRESARIAL E ORGANIZACIONAL

Após um panorama geral sobre a assessoria de imprensa e de comunicação, neste capítulo, analisaremos a assessoria partidária especificamente. Antes disso, é importante esclarecer qual é o contexto da comunicação em que se encontra esse tipo de assessoria.

Os partidos políticos são considerados organizações, dentre diversas que fazem parte da sociedade. Kunsch (2003) explica que organizações existem desde o início da humanidade para satisfazer necessidades sociais e pessoais:

> *Vivemos numa sociedade organizacional, formada por um número limitado de diferentes tipos de organizações, que constituem parte integrante e independentemente da vida das pessoas. O indivíduo, desde que nasce e durante sua existência, depara-se com um vasto contingente de organizações, que permeiam as mais diversas modalidades no âmbito dos setores público, privado e do chamado terceiro setor.* (Kunsch, 2003, p. 19)

Exemplificando: indústria, bancos, hospitais, órgãos governamentais, ou organizações do terceiro setor, como as organizações não governamentais (ONGs), são todas presentes e atuantes na sociedade. Dessa forma, trata-se de organizações públicas e privadas. Elas cumprem uma função social, econômica e política, ou seja, são necessárias para o funcionamento da comunidade.

Vale assinalar que pensar a comunicação de um partido ou de um órgão de governo envolve especificidades diferentes daquela empreendida para organizações empresariais. Isso porque a chamada assessoria corporativa, ou empresarial, visa melhorar a imagem de um produto com vistas a seu objetivo final, que é o lucro. Em uma empresa, é preciso levar em conta sua visão, missão e valor, que, de acordo com Biagio e Batocchio (2005), são assim categorizadas:

- **visão**: as intenções e a direção que a empresa pretende seguir;
- **missão**: a razão de ser da empresa, o seu propósito, o que ela faz;
- **valor**: a formação de uma cadeia de valores para seus integrantes internos e seus clientes. São as premissas e competências que devem ser levadas em conta em todo o processo de produção da empresa. Tais competências precisam ser comunicadas e identificadas pelos clientes.

A comunicação corporativa/empresarial tem de comunicar a visão, a missão e o valor não apenas aos clientes, mas também aos funcionários/colaboradores. Todas as pessoas que integram a empresa precisam se sentir participantes dela a fim de que a comunicação corporativa tenha sucesso. Para isso, são incentivadas comunicações informais (Rego, 1986), valorizando a expressividade e as ideias que surjam para melhorar os procedimentos da instituição.

De forma mais atual, deve, ainda, ser pensada em uma comunicação de rede e global, interagindo com um amplo público. Essa reinvenção da comunicação empresarial é assim pontuada por Cardoso (2006, p. 1128):

> *No ambiente empresarial, a ênfase que era dada à produção mudou para a ênfase ao consumidor. Portanto, a empresa precisa, da melhor forma possível, comunicar-se com a comunidade, com o cliente, com os agentes governamentais, com os fornecedores, enfim, com outras organizações e/ou agentes que também atuam nesse universo ou rede. A comunicação assume, assim, um papel fundamental na absorção e divulgação dos novos paradigmas empresariais, podendo agir como poderosa ferramenta estratégica de gestão.*

Os materiais produzidos pela comunicação devem ser dirigidos não apenas à comunidade – consumidores e *stakeholders* –, mas também ao público interno, por meio da comunicação interna (a comunicação voltada para os colaboradores da empresa) e da ação de endomarketing (marketing institucional voltado para o público interno, ou seja, para que os colaboradores compreendam e abracem as ações da empresa/organização). Mediante essas ações, espera-se que os empregados/colaboradores "vistam a camisa" da organização.

Revistas, vídeos e redes sociais são alguns dos materiais que ajudam na comunicação empresarial. Para chamar a atenção do consumidor e dos colaboradores, atualmente é importante produzir conteúdo relevante, que vai além do produto e agrega informações que atingem todos os públicos. Esse conteúdo tem formato jornalístico, mesmo que voltado para o setor da empresa. Um exemplo é a empresa Construction New Holland (CNH), com sede brasileira em Curitiba, na Cidade Industrial. Ela mantém uma revista que divulga os lançamentos da organização, seu dia a dia, bem como debate temas como inovação – importantes assuntos para seu público interno e externo.

> **Para saber mais**
>
> Se desejar conhecer mais sobre a empresa, acesse a edição digital revista:
>
> NA OBRA. Curitiba, n. 63, 2021. Disponível em: <https://construction.newholland.com/lar/pt/Press-Releases/Documents/Na_Obra_63.pdf>. Acesso em: 21 jan. 2022.

As revistas empresariais contam com um conselho editorial formado por diretores da empresa, que, com a equipe de comunicação, definem as pautas e a linha editorial para o próximo número.

Da mesma forma, vídeos e conteúdos de comunicação *on-line* – redes sociais, *e-mail marketing*, textos de aplicativos de mensagens – são fruto de uma conversa alinhada entre diretores e equipe de comunicação, sempre em conformidade com a visão, da missão e dos valores da empresa.

A abrangência da comunicação permitida pelas redes sociais insere um novo desafio para as empresas (e outros tipos de organização), o qual se refere à comunicação direta e ao diálogo com os consumidores. Se antes a propaganda ou outro tipo de informação era uma via de transmissão e de recepção, hoje ela se tornou multidirecional – os consumidores conseguem debater, questionar ou, ainda, ampliar diretamente o debate produzido pela informação. E, atualmente, uma das principais estratégias de comunicação é o Serviço de Atendimento ao Consumidor (SAC) via redes sociais. O consumidor agora quer diálogo (Cardoso, 2006), o que abrange desde a informação sobre determinado produto, a pesquisa antes de escolher o que comprar, até a reclamação sobre a insatisfação com a compra. Nessa ótica, hoje em dia, fornecer instrumentos para esse diálogo é fundamental para qualquer estratégia de comunicação organizacional.

Essa visão do mundo dos negócios, em busca de consumidores e lucro, faz da comunicação uma parte da estratégia mercadológica, que é muito diferente dos objetivos de uma comunicação política/partidária ou eleitoral. Mesmo que a assessoria de imprensa dessas duas áreas vise à melhoria e à ampliação da imagem do cliente, ambas são realizadas para resultados de campos diferentes, com uma linguagem que deve ser diversa. Assim, focaremos especificamente a análise da comunicação política/partidária.

2.1.1 Organização e instituição são a mesma coisa?

Apesar de, frequentemente, serem utilizadas como sinônimo, os especialistas na área fazem distinção entre organização e instituição. A esse respeito, Maria J. Pereira (citada por Kunsch, 2003, p. 33) declara:

> *Organização é simplesmente um instrumento técnico, racional, utilizado para canalizar a energia humana em busca de objetivos prefixados cuja sobrevivência depende exclusivamente da capacidade de atingir os resultados e adaptar-se às mudanças ambientais para evitar obsolescência técnica. Instituição é um organismo vivo, produto de necessidades e pressão social, valorizada pelos seus membros e pelo ambiente, portadora de identidade própria, preocupada não somente com lucros e resultados, mas com sua sobrevivência e perenidade e guiada por um claro sentido de missão.*

Logo, uma organização pode ser institucionalizada se agregar valores, ser reconhecida pela sociedade e ser perene, ou seja, ter uma vida longa na sociedade. Pereira (1985, p. 75) menciona que é preciso haver a solidariedade da comunidade para que uma instituição seja assim considerada. Logo, partidos podem passar de organização a instituição. Alguns exemplos são o Green (Partido Verde), presente hoje em 120 países (Partido Verde, 2021), iniciado na Alemanha, e que tem princípios de defesa do meio ambiente abraçados por ativistas dessas diversas nações.

Da mesma forma, os partidos Republicano e Democrata dos Estados Unidos parecem ser os únicos naquele país. Apesar de existirem cerca de 70 partidos espalhados entre os seus estados, o sistema norte-americano é considerado bipartidário pela dominação dos Republicanos e Democratas. Além dos valores que cada partido carrega, os votantes acabam fortalecendo esse bipartidarismo pela pouca chance que os demais têm para conquistar votos (Chhibber; Kollman, 1988).

O Partido Democrata foi fundado em 1828, e o Partido Republicano, em 1854. Desde a metade do século XIX, ambos mantêm o monopólio nas instâncias de poder (Faria, 2016) Os símbolos dos dois partidos (jumento do Democrata e elefante do Republicano) foram criados no século XIX inicialmente como crítica, mas caíram no gosto popular e atualmente são exibidos com muito orgulho.

> **Para saber mais**
>
> Saiba mais sobre a origem dos símbolos dos partidos Democrata e Republicano em:
>
> POR QUE o jumento e o elefante foram escolhidos como símbolo dos partidos Democrata e Republicano nos Estados Unidos? **SuperInteressante**, 4 jul. 2018. História. Mundo Estranho. Disponível em: <https://super.abril.com.br/mundo-estranho/por-que-o-jumento-e-o-elefante-foram-escolhidos-como-simbolo-dos-partidos-democrata-e-republicano-nos-estados-unidos/>. Acesso em: 21 jan. 2022.

(2.2)
Assessoria organizacional em partidos políticos: estrutura e prática

Cardoso (2006, p. 1132) comenta que não existe comunicação sem prática comunicativa. A cultura da organização, bem como sua prática e seus princípios, demonstra o que ela é, mesmo que a comunicação seja informal (Cardoso, 2006). Portanto, pensar a comunicação em partidos é compreender que, por mais que estes sejam dinâmicos e agreguem diferentes correntes de pensamento, a imagem de um partido é aquela que ele comunica ser.

A comunicação de partidos e políticos insere-se na comunicação política, uma área específica que trabalha para produzir uma imagem que gere apoio, votos e opinião (Weber, 2004). Entretanto, a mensagem produzida por partidos ou outras instituições públicas não necessariamente gerará uma imagem positiva. A esse respeito, de acordo com Weber (2004, p. 261): "Na sedimentação ou na fragilidade da opinião, em relação ao sujeito político, reside a credibilidade deste, construída pela sua capacidade de ratificar, publicamente, o acordo em torno de verdades e projetos". Além disso, quanto mais fragilizada estiver a imagem da política e dos políticos, mais difícil será controlar a opinião pública.

Partidos têm grupos internos, com suas divergências e disputas pela direção partidária ou, ainda, por posicionamentos diante do governo federal. Contudo, em geral, as legendas são vistas com uma impressão geral do que representam. Sob essa ótica, a seguir faremos uma breve e não aprofundada abordagem dessa temática, já ponderando que a discussão sobre a formação e a organização de partidos conta com uma vasta e rica literatura.

Dois exemplos brasileiros são o Partido dos Trabalhadores (PT) e o Movimento Democrático Brasileiro (MDB), ambos fundamentais para a redemocratização do país e que mantêm, internamente, várias divergências. O PT está enquadrado como partido de massas (Duverger, 1970), tem diversas correntes e incentiva a disputa interna, mediante eleições diretas para a direção partidária, por exemplo, antecedida por encontros regionais que envolvem todos os filiados (Lacerda, 2002). Cada grupo tem seus líderes, apesar de o ex-presidente Luiz Inácio Lula da Silva ser a grande liderança e fazer parte da corrente majoritária. No entanto, para o cidadão comum, o PT é sinônimo de Lula e do governo dele. Isso porque a imagem do partido está muito ligada a seu grande líder. Em grande parte, o PT ganhou essa imagem por ter seguido uma linha profissional liberal, com transformações entre 1995 e 2010 (Amaral, 2013).

Já o MDB tem participado de todos os governos federais desde a redemocratização e está mais associado a estratégias eleitorais e pragmáticas do que ideológicas (Lameira; Peres, 2015). Por isso, é difícil de ser classificado, inclusive pela opinião pública. Nasceu na instalação do bipartidarismo em 1966, no regime militar, e depois da redemocratização, com o retorno do multipartidarismo, ficou conhecido como um partido "sem ideologia", o qual se manteve para disputas eleitorais com seus nomes locais (Lameira; Peres, 2015). Estudos mostram que a formação do partido envolveu decisões descentralizadas, discursos menos ideologizados, além do fortalecimento de lideranças e da abertura a grupos de interesses variados (Amaral, 2013). Por isso, em cada estado há um MDB, com lideranças mais à esquerda ou à direita e outras difíceis de serem identificadas pelos cidadãos.

Partidos são estruturas complexas não somente por serem organizações nacionais, mas também por sofrerem transformações de acordo com conjunturas políticas. Nessa perspectiva, o assessor de imprensa ou de comunicação deve iniciar seu trabalho compreendendo tal complexidade e como o partido se estrutura no momento: quem são as lideranças nacionais e locais, quais cargos eletivos os membros já ocuparam e ocupam, qual é a dinâmica da direção da legenda, de que maneira se dá o processo de escolha dessa direção e como é a participação dos filiados.

Nesse sentido, o diagnóstico ambiental e de comunicação é fundamental para pensar um plano de comunicação. Os valores, os objetivos e as metas do partido devem ser considerados para que o assessor prepare a estratégia de comunicação. Como qualquer outro tipo de assessoria, o jornalista/assessor deve contar com um ou mais dirigentes que o orientarão na montagem dessa estratégia. Assim, a comunicação precisa ser planejada não apenas pelos comunicadores, mas também mediante um diálogo constante e frequente com os dirigentes designados para acompanhar essa atividade partidária.

Após esse diagnóstico e diálogo, é importante compreendermos a comunicação interna. Os partidos têm estruturas, tanto de dirigentes quanto de funcionários. Advogados, assessores de mobilização, quadros administrativos, financeiros, ou seja, há todo um mecanismo de funcionamento. Dessa forma, é necessário reconhecer como é feita a comunicação informal e formal entre essas pessoas. Nessa ótica, o assessor deve estar inserido nessas formas de diálogo, seja por meio de grupos em aplicativos de conversa ou de envio de *e-mail*. Tal proximidade permite ao profissional saber como surgiu determinada discussão e como ela se desenvolveu até chegar a uma decisão, deliberação ou pronunciamento sobre determinado tema.

Geralmente, quando o assunto está deliberado ou um pronunciamento está definido internamente, ele segue para a divulgação externa. E como já citamos, os partidos têm formas de decisão diversas. Por isso, por mais que o tema seja interessante (ou "quente", no linguajar jornalístico), é preciso saber o momento de divulgá-lo externamente, ou o assessor poderá ser o responsável por criar uma crise interna indesejável.

Por exemplo: o partido pode estar discutindo internamente se coligará com outra legenda em uma campanha para governo estadual ou se lançará uma candidatura própria. Dois grupos defendem que seja feita a coligação, com a indicação de um nome para vice-governador na chapa. Outro argumento que o partido lance candidatura própria para impulsionar as candidaturas ao parlamento (deputados federais e estaduais) com mais chance de conquistar novas cadeiras. Ainda faltam cinco meses para a convenção. Muita "água passará nesse rio" até ser tomada a decisão final. Nesse momento, é prematuro soltar notas e *releases* para a imprensa sobre a discussão interna. Diante disso, o momento certo será identificado em uma decisão dos dirigentes com a assessoria.

Divulgar as questões internas pode mudar a mensagem perante a opinião pública, pois entra no cenário de representação política (Lima, 2001), com a possibilidade de criar significados diversos para a mensagem inicial. A esse respeito, Lima (2001) versa sobre a força hegemônica da televisão, mas essa teoria pode ser transportada para as redes sociais, as quais têm potencial de gerar mudança de leitura pelo cidadão comum, sem controle pelo produtor da notícia. Dessa forma, quando a organização e a assessoria de imprensa divulgam um *release*, elas precisam estar muito seguras da mensagem que querem passar e das informações contidas nela, diminuindo, assim, a possibilidade de múltiplas possíveis interpretações por parte da imprensa e do público.

Da mesma forma, é necessário tomar cuidado quando uma briga ou disputa interna do partido chega à mídia tradicional ou social. Relatamos, a seguir, o exemplo do caso envolvendo ex-candidato a prefeito de São Paulo pelo Partido Novo, Filipe Sabará.

O Partido Novo escolhe candidatos depois de um processo de seleção com diversas entrevistas e testes. Em 2020, após o processo, Sabará foi o escolhido para disputar pelo partido a prefeitura da maior cidade do país. No entanto, fez algumas declarações públicas que desagradaram grupos do próprio partido, o que gerou um pedido de retirada da candidatura dele. Sobre isso, leia um trecho da matéria extraída do *site* UOL:

> *A iniciativa chega no momento que Sabará é alvo de uma rebelião interna de pré-candidatos a vereador da capital. Um grupo intitulado 'Tentando Salvar o Novo' tem criticado duramente as declarações de Sabará em defesa do presidente Jair Bolsonaro (sem partido). Na semana passada, o debate interno foi acirrado após o candidato ter dito em um programa de rádio que Paulo Maluf foi o melhor prefeito que a capital paulista já teve. A declaração provocou reações até do fundador do Novo, João Amoêdo, e do deputado estadual Heni Ozi Cukier, que se manifestaram contra a fala no Twitter.* (Venceslau, 2020)

A disputa interna fez aparecer outras denúncias contra o então candidato, como ter mentido em seu currículo, inserindo um curso de pós-graduação, o qual foi contestado pela faculdade citada. O caso acabou na expulsão de Sabará, por parte do Diretório Nacional do Novo. O partido pediu a retirada da chapa junto ao Tribunal Regional Eleitoral de São Paulo, após a desistência da vice dele na chapa, Maria Helena. Isso ocorreu em plena campanha eleitoral, arranhando a imagem da chapa para vereadores. Assim, o partido acabou reelegendo uma vereadora e elegendo outra, com avaliações de que a chapa perdeu com o Caso Sabará.

(2.3)
O QUE É CRISE DE COMUNICAÇÃO E IMAGEM

Esse tipo de crise ocorre quando um fato negativo sobre uma organização é divulgado, foge do controle de seus dirigentes e ganha grandes proporções, afetando o maior bem que essa entidade tem: sua imagem (Forni, 2013).

A imagem corresponde ao reflexo ou à representação de algo, seja real ou não (Brandão, 2009). A assessoria de imprensa ou de comunicação tem a função de ajustar a imagem que a organização quer passar à sociedade. Por isso, a comunicação 360°, comentada no capítulo anterior, trabalha a logomarca, as cores, os valores e os textos de declarações na construção de uma identidade (Brandão, 2009). Esse é um trabalho que não se realiza da noite para o dia. Assim, é necessária não apenas a construção dessa estratégia, mas também a incorporação dela por todos que trabalham ou atuam na assessoria, com a intenção de que o público também tenha essa percepção. Portanto, trata-se de um trabalho de anos, mas tudo pode vir abaixo com uma crise de imagem.

Nem sempre o problema decorre de algum processo errado facilmente evitável. Pode envolver um desastre, ou seja, uma ruptura da situação normal coloca em risco a saúde ou a vida das pessoas (Coombs, 2014). Isso é mais comum em situações de grandes vazamentos de substâncias químicas no meio ambiente, atingindo bacias hidrográficas, por exemplo. Ainda, pode se referir a uma crise organizacional, bem como a um erro no processo ou na produção, que cause dano ao consumidor ou a outras pessoas de relacionamento da organização. Não é possível prever como ou quando qualquer desses casos acontecerá, mas é necessário saber o que pode vir a ocorrer. E essa é a primeira atitude positiva de enfrentamento da crise.

A depender da dimensão adquirida, uma reportagem negativa ou um *post* que "viraliza" podem desencadear um processo desgastante de divulgação e exposição, que acaba por comprometer os negócios, ameaçando estruturas corporativas sólidas e tradicionais ou, mesmo, afetando a eleição de um candidato.

No caso de partidos e políticos, lidar com crise é constante, a ponto de os atingidos repetirem que os políticos são vítimas das mídias (Ribeiro, 2014). Essa tensão ocorre porque os jornalistas estão preocupados com fatos relevantes e contraditórios, que geram notícia e visibilidade. Nessa perspectiva, conforme expõe Ribeiro (2014, p. 106): "Logo o enfoque negativo, a investigação jornalística e o *watchdog journalism* são a essência desta atividade". Não por acaso, partidos e políticos precisam de assessoria de imprensa permanente. Como já comentamos, é esse profissional que compreende o saber e a produção jornalística, além de estar qualificado para fazer a ponte entre o político e a imprensa.

Apesar de ser essa uma percepção comum entre políticos e dirigentes partidários, é importante ressaltar que a imprensa é fundamental para a democracia. Michael Schudson (2008) assinala que o jornalista é frequentemente o primeiro a informar sobre o fato da maneira mais fácil possível, bem como que esse profissional produz sua mensagem tendo como fontes políticos, órgãos oficiais, mesmo que trabalhando com muita desconfiança das fontes.

Ele argumenta sobre a influência que os jornalistas carregam dos meios de comunicação em que trabalham e dos interesses políticos econômicos desses empregadores e de suas fontes (Schudson, 2008). Além disso, o autor alerta para a dependência de fontes oficiais e da proximidade com essas fontes para conseguir "furos" de reportagem. A proximidade pode gerar uma decisão do que será divulgado e ignorar os interesses populares. Apesar disso, Schudson menciona que, para a democracia, é importante ter uma "imprensa antipática": "A democracia precisa não apenas de uma imprensa antipática, mas distanciada do governo, procurando encontrar maneiras de chamar a atenção para fatos desagradáveis" (Schudson, 2008, p. 9, tradução nossa).

Outra questão relevante diz respeito ao fato de a visibilidade ser fundamental para um partido ou político que deve se expor em público para se manter na mídia, mesmo que haja desconfiança por parte do público (Chaia; Teixeira, 2001). Quando ocorre a publicidade de uma notícia negativa, não necessariamente a origem é a imprensa; pode ser o Poder Judiciário e instituições públicas ou policiais. E são os desdobramentos nesses órgãos que indicarão a duração dos escândalos midiáticos (Chaia; Teixeira, 2001).

Para quem faz assessoria de partidos e políticos, é importante compreender o papel da imprensa para a democracia e reconhecer quais são suas fontes de informação, além de não julgar jornalistas como inimigos. Ter um bom relacionamento e saber identificar jornalistas responsáveis e competentes (e também os que não são muito éticos) é fundamental para o trabalho do assessor de imprensa de partidos. Assim como em qualquer situação de crise, o trabalho de assessoria será mais efetivo se a calma for mantida em meio a tantas reações adversas (Bona, 2017). Logo, a assessoria deve prezar pela calma da equipe, mantendo o profissionalismo em meio ao caos que pode ser uma crise de imagem.

A primeira missão da assessoria de comunicação é ter ciência de que toda falha, escândalo ou erro tem uma explicação. E, muitas vezes, por pior que seja a situação, com calma e eficiência é possível minimizar danos.

Estudo de caso – Calma e profissionalismo

Para ilustrar uma situação concreta, relatarei, a seguir, um caso em que atuei em 2019. Mesmo que o caso tenha se tornado público, por questões éticas, não revelarei o nome da empresa nem detalhes.

Os proprietários da empresa foram indiciados em uma investigação, cuja versão da Polícia Civil era de que eles teriam superfaturado os serviços em um contrato com o Poder Público. O caso ganhou visibilidade porque a prisão dos proprietários foi acompanhada ao vivo por uma grande emissora de TV, que também mostrou gravações telefônicas e imagens que geraram uma opinião muito negativa para os proprietários.

Quando fui contratada, enfrentei a dificuldade de pensar em como "sair dessa". Entretanto, os proprietários – após serem libertados da prisão preventiva – deram respostas documentadas a todos os questionamentos que eu fiz. Tinha um bom material informativo para meu trabalho de assessora de imprensa.

Era um escândalo político, com suspeita de corrupção, com alto grau de visibilidade em função do material obtido pela emissora. Contudo, conversando diariamente com os produtores de emissoras de rádio e TV que cobriam o caso, respondendo a tudo, mostrando dados, documentos e contra-argumentando, em poucos dias começamos a diminuir o calor das denúncias.

O caso foi remetido a uma Comissão Parlamentar de Inquérito (CPI), que acompanhei diariamente, e lá foram prestados depoimentos que confirmaram a versão da empresa. Havia deputados mais moderados e outros que claramente tendiam a condenar os proprietários da empresa e defender o trabalho da polícia. Não fiz o papel de advogada, e sim de jornalista. Produzia textos a cada depoimento da CPI e os enviava para toda a imprensa. Com minha experiência como repórter e assessora, sei que a forma como a notícia aparece na imprensa influencia o andamento de uma comissão de inquérito. E, na conclusão da CPI, o relatório foi muito mais favorável à organização do que parecia que seria em seu início. Creio que, sem o trabalho de assessoria, os proprietários seriam muito mais penalizados do que foram. Saí desse caso com muita sensação de dever cumprido.

Meu trabalho não é ajudar a inocentar meus clientes em ações cíveis ou penais, pois isso cabe aos advogados. Não gosto da opinião de que o assessor de imprensa é o "advogado do Diabo", porque penso que o papel desse profissional é diferente. Qualquer pessoa tem o direito a um bom advogado e a uma boa assessoria de imprensa. E são papéis diferentes: o do assessor é levantar todas as informações, com maior transparência, responsabilidade e profissionalismo, a fim de dar a versão de um dos lados e deixar a situação em equilíbrio. É o que sabemos fazer como assessores: levantar fatos e transformá-los em texto da forma mais objetiva, explicativa e sintética possível.

(2.4)
Protocolo de crise

Se sabemos que crises podem ocorrer a qualquer momento, o mais prudente é tomar atitudes que minimizem os danos quando elas ocorrem.

Algumas medidas conhecidas e praticadas de prevenção à crise de imagem são:

- *Contrate uma assessoria qualificada para desenvolver um programa de treinamento em gerenciamento de crise;*
- *Envolva toda a direção e gerentes seniores da empresa;*
- *Faça um* media-training *(treinamento para lidar com a imprensa) de crise;*
- *Faça um* brainstorming *de possibilidades de crises no seu negócio. A pior crise é aquela para a qual não estamos nem um pouco preparados;*
- *Desenvolva um extenso questionário e prepare as respostas para as possíveis perguntas;*
- *Desenvolva mensagens-chave;*
- *Crie um comitê de crise e reúna-o ao menos uma vez a cada seis meses para novas avaliações.* (Caldini, 2000, p. 118)

É importante pontuar que, quando há uma crise, o assessor não tem de resolver a siuação sozinho. Crises de imagem necessitam de um trabalho de equipe, o qual é conhecido como protocolo de crise. O assessor tem a função de coordenar esse trabalho (Farias, 2007). Cabe ao comitê de crise ter tudo em mãos para a melhor atuação possível diante da pressão por respostas:

> *o Comitê [de crise] precisa ser acionado com a finalidade de que seus componentes realizem suas funções, como por exemplo: preparação de documentos, reunião de dados como contatos de jornalistas, discursos previstos e definir um eixo de ação para que os funcionários sigam a mesma linha de pensamento.* (Di Assis; Isidoro, 2013, p. 74)

Coombs (2014) define um trio de combate – prevenção, preparação e resposta – que forma o protocolo de crise. Qualquer organização, independentemente do momento, pode sofrer um abalo em sua reputação ou imagem, e saber disso é fundamental para minimizar os danos. Se há algo de útil em uma crise é que, quando controlada (a ponto de o público perceber que o afetado soube lidar bem com a situação), pode até melhorar a imagem da organização ao se mostrar socialmente responsável (Salvador; Ikeda; Crescitelli, 2017).

Por isso, é preciso haver um grupo especializado e preparado para situações de crise, chamado de *comitê de crise*. Participam dele pessoas que estão em posições estratégicas, como diretores, coordenadores de comunicação, responsáveis pelas finanças da organização, administradores e, no caso de empresas, representantes do setor de produção. Esse comitê precisa sempre estar em diálogo e alertar o grupo caso haja algo que possa gerar um problema de imagem, mesmo que isso signifique comunicar uma fragilidade justamente do setor em que atua. É preciso transparência em toda a comunicação, unidade nas respostas e um relacionamento responsivo em todas as etapas, a fim de diminuir os danos (Farias, 2007). Portanto, é função desses profissionais trabalhar o trio citado por Coombs (2014) – aqui, incluem-se indicações de outros autores, como: Forni (2013), Bernstein (2021), Farias (2007) e Bona (2017):

- **Prevenção:** é a melhor forma de ter o controle da situação, com o objetivo de antever situações de crise e evitar maiores danos. O elemento surpresa é a pior inimiga da imagem. Por isso, a comunicação deve sempre prever o que pode dar errado e alertar os responsáveis, assim como os demais setores da organização.
- **Preparação:** ter pessoas prontas para gerenciar a crise e preparar um porta-voz, alguém que responda pela organização com base nas informações do comitê de crise. Essa preparação pode ser feita pela equipe de assessoria de imprensa, com o chamado *media training*, que será mais bem detalhado neste livro.
- **Respostas:** retornar o mais rápido possível com os esclarecimentos e com a solução para o problema, principalmente com relação aos atingidos pelos erros da organização. Um bom exemplo disso é a ampla comunicação de *recall* de peças de veículos, assim que a equipe identifica alguma falha. Dessa forma, não se pretende apenas dar respostas para a imprensa ou a opinião pública, mas também solucionar o problema e minimizar os danos.

Em casos negativos, é melhor centralizar as respostas em um porta-voz. Se cada vez que acontecer um problema uma pessoa diferente, não acostumada a lidar com crises, tiver de ser ativada, provavelmente a resposta demorará mais tempo para chegar. E no caso de crises de imagem, ter respostas coesas no menor tempo possível é a melhor forma de controlar a situação. Isso, porém, não significa ter pressa. Respostas incoerentes e incompletas pioram o cenário, pois a organização provavelmente terá que mudar a versão para a causa do problema mais de uma vez, o que certamente dará a certeza de descontrole.

Logo, não se deve fugir dos fatos. A melhor forma de enfrentar uma acusação ou falha é prestar todos os esclarecimentos de interesse público. E o assessor é o instrumento para buscar o equilíbrio entre as versões (Bona, 2017).

Após essas três ações, é importante monitorar o resultado, seja por meio dos comentários das redes sociais ou do tom das matérias jornalísticas sobre o tema (mediante levantamento de *clipping*), a fim de perceber se a resposta foi bem recebida. Se não foi, será preciso repensar ou melhorar a resposta.

A falta de hábito para falar com o público mediante as mídias tradicionais ou redes sociais também prejudica a organização quando esta é atacada. Quando uma empresa não tem canais ativos de comunicação com seu público, tende a sofrer mais ao tentar se explicar. Por isso, mais do que manter postagens nas redes sociais, é preciso responder a críticas e comentários.

(2.5)
Relação entre assessoria e veículos de mídia

Como bem explica Mafei (2015), ter um bom relacionamento com a imprensa é saber andar em um campo minado. É preciso ser cuidadoso, ter calma e profissionalismo e, ainda assim, muitas vezes não ser ouvido.

Há aproximadamente dez anos, havia muitas grandes redações e existia, por parte da mídia tradicional, um preconceito muito maior para com as assessorias. O trabalho dos assessores gerava desconfiança perante os *releases* enviados ou mesmo perante a versão apresentada

(Mafei, 2015). Contudo, diante do trabalho mostrado por essas agências e a diminuição das redações, atualmente os assessores são vistos como aliados, parceiros das pautas. Não que seja um trabalho fácil, visto que o número de assessorias aumentou e, com efeito, também a quantidade de sugestões para os veículos.

Se o assessor demonstrar que tem um material bem apurado e de interesse público – isto é, no qual houve um grande trabalho de um profissional que sabe responder às dúvidas ou esclarece com firmeza alguns pontos negativos da organização para a qual trabalha –, ganhará respeito, e a relação se consolidará. No entanto, para isso, é preciso não se intrometer no trabalho do repórter, como, por exemplo, cobrar publicação, criticar textos ou querer controlar como será feita uma entrevista. Portanto, é fundamental reconhecer que cada profissional cumpre seu papel (Bona, 2017).

Da mesma forma, é importante que o porta-voz da organização ou da pessoa assessorada trate a imprensa com profissionalismo e respeito, ou todo o bom trabalho poderá cair ladeira abaixo. Por isso, é recomendável explicar aos assessorados a importância de tratar os jornalistas com respeito, mesmo quando a pauta não lhe for favorável.

Nesse sentido, a seguir, apresentamos o que um assessor pode fazer na relação com o repórter – as informações são provenientes de experiências pessoais, mas também são citadas por autores como Fenaj (2007), Mafei (2015) e Bona (2017):

- sugerir uma pauta, enviando dados e informações que demonstrem que esta é de interesse público;
- entrar em contato posteriormente perguntando se o repórter recebeu a sugestão, se tem alguma dúvida ou se pode auxiliar em algo. Esse é o chamado *follow up* (acompanhamento, em tradução direta);

- após a entrevista, perguntar ao repórter se há previsão para o material ser publicado e em qual espaço (qual edição de um telejornal ou rádio ou qual editoria de um *site*, por exemplo);
- pode corrigir informações após a publicação, caso sejam erros do jornalista, do assessor ou do entrevistado;
- quando a organização ou pessoa assessorada for citada sem ser ouvida, caberá ao assessor entrar em contato com o veículo e alertar sobre tal (de forma educada), propondo estar à disposição do repórter para que a parte seja ouvida.

O que o assessor não pode fazer:

- oferecer qualquer tipo de vantagem pessoal ou profissional em troca de publicação/veiculação de matéria. Mesmo que essa vantagem, ou presente, seja dada sem a declaração explícita de troca por uma publicação, trata-se de uma falha ética. Os chamados "jabás" para redação (mimos, presentes) são permitidos em situações bem específicas, como no lançamento de um produto da empresa assessorada, em que se faz o envio de tal produto para o jornalista testá-lo na condição de formador de opinião;
- pedir para ler o texto antes de a matéria ser publicada. A partir do momento em que a entrevista é concedida, as informações destinadas ao público passam a ser de responsabilidade do repórter;
- cobrar publicação em determinada data ou período;
- reclamar do texto por não ter gostado do tom ou, ainda, por ter levado bronca do chefe pelo conteúdo da matéria;
- ameaçar ou brigar com o jornalista por ter falado mal da organização ou do assessorado.

Essa é uma lista sucinta a qual abrange questões éticas, mas que pode ser muito mais ampla. Por isso, escolhemos apenas alguns temas mais recorrentes.

Parecem aspectos óbvios, mas atitudes antiprofissionais e antiéticas como essas são mais comuns do que se pode imaginar. Por isso, sempre é necessário lembrar – inclusive, os assessorados – que o jornalista ou o veículo deve ter independência e liberdade para publicar o que quiser e quando considerar ser o momento certo (Bona, 2017). O bom jornalismo é crítico, traduz a diversidade de conflitos na sociedade (Karam, 2014), e o assessor, como profissional da comunicação, deve compreender todas as complexidades que envolvem o trabalho desse profissional.

Por outro lado, caso precise de defesa do material publicado, o assessor deve saber que o jornalista tem deveres éticos, previsto por um código (Federação Nacional dos Jornalistas – Fenaj), e que ele é responsável pelas informações publicadas ou veiculadas, desde que um terceiro não tenha modificado o texto inicial (como um editor de texto). Por esse código, o repórter deve sempre ouvir todas as partes envolvidas na pauta, buscar provas antes de publicar material incriminatório, assim como modificar informações já publicadas, se for verificado que estão erradas.

Síntese

Neste capítulo, aprendemos quais são as especificidades da assessoria de comunicação de uma organização partidária. Compreendemos, ainda, o que é considerada uma crise de imagem e quais são as medidas para minimizar danos, no chamado *protocolo de crise*.

Além disso, fornecemos algumas informações a respeito da relação entre as assessorias de comunicação e os jornalistas que trabalham nos mais diversos tipos de mídia, abordando, também, os limites éticos e profissionais dessa relação.

Questões para revisão

1. Leia as duas passagens a seguir:
   I) Vivemos em uma sociedade organizacional, formada por um número limitado de diferentes tipos de organizações, as quais integram a vida das pessoas. O indivíduo, desde que nasce e durante sua existência, depara-se com um vasto contingente de organizações, que permeiam as mais diversas modalidades no âmbito dos setores público, privado e do chamado terceiro setor (Kunsch, 2003).
   II) Exemplificando: indústria, bancos, hospitais, órgãos governamentais, ou organizações do terceiro setor, como as ONGs, estão todas presentes e atuantes na sociedade. Dessa forma, trata-se de organizações públicas e privadas. Elas cumprem funções sociais, econômicas e políticas, necessárias para o funcionamento da comunidade.

   Diante dessas passagens, é incorreto afirmar que:

   a) tanto organizações públicas quanto privadas podem ter equipes de comunicação para a divulgação de seus trabalhos à comunidade e ao público interno.
   b) em uma empresa, a comunicação precisa levar em conta sua visão e sua missão.

c) todas as pessoas que trabalham na organização precisam se sentir participantes dela a fim de que a comunicação corporativa tenha sucesso. Para isso, são incentivadas comunicações informais.
d) a comunicação que se faz de uma indústria ou de um banco é igual à de um partido ou órgão de governo.
e) a comunicação dessas instituições é relevante para a população, que convive com elas.

2. A comunicação de partidos e políticos está dentro da comunicação política, uma área específica que trabalha com a direção partidária, filiados e grupos de interesse para o fluxo de comunicação. A esse respeito, discorra sobre a importância do papel da comunicação para os partidos.

3. Quando um fato negativo sobre uma organização é divulgado, fugindo do controle de seus dirigentes, ganha grandes proporções e afeta o maior bem da entidade: sua imagem (Forni, 2013). Sobre esse tema, marque a alternativa a seguir que não faz parte do protocolo de prevenção de crise:
    a) Não estressar a equipe e pensar em como resolvê-la quando ela ocorrer.
    b) Contratar uma assessoria qualificada para desenvolver um programa de treinamento em gerenciamento de crise.
    c) Promover um treinamento para lidar com a imprensa nos momentos de crise.
    d) Pensar em todas as possibilidades de crises no seu negócio. A pior crise é aquela para a qual não se está nem um pouco preparado.
    e) Aproximar a comunicação de todos os movimentos estratégicos da organização.

4. Sobre o protocolo de gestão de crise, aquele utilizado no momento da crise, assinale V para as assertivas verdadeiras e F para as falsas:

( ) É importante ter pessoas para serem porta-vozes, ou seja, que respondam pela organização com base nas informações oriundas do comitê de crise.

( ) O *media training* é uma técnica utilizada para preparar o porta-voz.

( ) O assessor de imprensa não precisa ter pressa em responder às questões para os jornalistas. É melhor, antes, deixar a situação se acalmar.

( ) No caso de crises de imagem, ter respostas coesas no menor tempo possível é a melhor forma de controlar a situação.

Agora, marque a alternativa que apresenta a sequência obtida:

a) F, V, F, V.
b) V, V, F, V.
c) V, F, F, V.
d) F, V, F, V.
e) V, V, V, F.

5. Jorge Duarte (2009) afirma que a atividade de assessoria de imprensa pode ser conceituada como a gestão de relacionamento e dos fluxos de informação entre fontes de informação e imprensa. Conceitualmente, segundo essa acepção, é correto afirmar que

a) o assessor deve atuar como intermediário qualificado, aproximando fontes e imprensa.

b) o assessor deve abraçar, quando necessário, tarefas de manipulação, persuasão e controle.

c) o assessor de imprensa deve orientar o jornalista sobre como conduzir sua pauta e quais dados devem ser destacados.

d) o objetivo do assessor é, necessariamente, obter a citação do nome do produto e da empresa.

e) por atuar como intermediário, não é aconselhável que o assessor de imprensa já tenha sido jornalista de veículos de mídia.

6. O que Maffei (2015) quis dizer ao mencionar que ter um bom relacionamento com a imprensa é saber andar em um campo minado?

Questão para reflexão

1. Há uma cobrança no trabalho das assessorias de imprensa, a qual diz respeito à "venda" das matérias. Trata-se da capacidade de convencer o jornalista que trabalha em um veículo de que o material da assessoria é relevante. Sob essa perspectiva, reflita: O que você faria para promover esse trabalho de convencimento e qual seriam os limites a não serem ultrapassados nessa tarefa?

Capítulo 3
A prática do trabalho do
assessor de comunicação
partidário

Conteúdos do capítulo

- Função da imagem e da mensagem na comunicação partidária.
- Pronunciamento da direção partidária.
- Produção de *release*.
- Quando convocar uma entrevista coletiva de imprensa.
- Discurso de dirigente partidário.

Após o estudo deste capítulo, você será capaz de:

1. citar instrumentos de trabalho de um assessor de partido;
2. obter instrumentos técnicos para seu trabalho;
3. saber como e quando convocar uma coletiva de imprensa;
4. reconhecer os diferentes momentos para os diversos tipos de materiais.

(3.1)
NA PRÁTICA: FUNÇÃO DA IMAGEM E MENSAGEM

O personagem Górgias, de Platão (Santos, 2013), ensinava uma arte considerada tão importante quanto a pintura ou a escultura: a retórica, tida como a arte de persuadir com argumentos que comunicam o valor da verdade. É essa arte persuasiva que se vê em discursos de tribunais e assembleias, pois a persuasão é instrumento importante da ação política. Demonstra crenças verdadeiras embasadas em raciocínios lógicos e pode levar outros a mudarem suas opiniões. Nesse sentido, neste capítulo, forneceremos um embasamento teórico e prático para a construção do texto persuasivo. Isso porque também é função do assessor de comunicação partidária, por mais eloquentes que sejam os assessorados, preparar textos e discursos para os dirigentes.

Em um mandato ou direção partidária, o discurso leva todas as verdades, defesas e crenças. Na política, símbolos de campanhas, *slogans* e *jingles* são importantes instrumentos de imagem. Mas o discurso, o tom e os argumentos apresentados pelo político ajudam a consolidar o posicionamento. A opinião pública, ou seja, a população, não espera as campanhas iniciarem para fazer suas avaliações dos concorrentes (Lavareda, 2009). Em virtude disso, as mensagens dos(das) candidatos(as) gerarão percepções e sentimentos nos eleitores, a depender do partido ou da história daquele concorrente.

Um dos mais valiosos instrumentos para compreender como uma pessoa ou partido é percebido são as pesquisas de opinião. Elas conseguem imprimir um retrato do que preocupa as pessoas em determinado momento, quais são seus temas de resistência (antipatia) ou o que o eleitor deseja (Lavareda, 2009). As análises das pesquisas ajudam a construir discursos e estratégias de comunicação, enfatizando elementos que aparecem nas respostas da pesquisa ou, ainda, afirmando o que deve ser evitado em uma fala, por gerar antipatia em certo grupo.

Contudo, tais pesquisas são trabalhosas e caras. Por isso, são utilizadas em momentos específicos, como no período de campanha. Dessa forma, o assessor não terá esse instrumento a sua disposição no dia a dia, e será necessário recorrer a outros meios para compreender a opinião pública. As redes sociais são uma importante fonte dessa percepção, tema que abordaremos nos Capítulos 4 e 5.

Independentemente do resultado das pesquisas, um discurso ou pronunciamento deve ser construído com as crenças e práticas do partido. No entanto, a mesma lógica de persuasão e impacto deve ser utilizada antes de se elaborar um texto discursivo, um *release* para a imprensa ou um comunicado partidário. A mensagem e a imagem que se quer passar devem estar sempre presentes nos textos, e algumas palavras-chave, expressões e defesas de determinados temas ajudam a consolidar a imagem.

Novamente, o diagnóstico do partido – por quem é formado, o que pensa, quais são suas correntes, disputas internas e principais bandeiras – é fundamental para se identificar as palavras-chave. O segundo elemento de relevo é acompanhar sempre o dirigente em reuniões e observar os discursos. Com o tempo, essa prática torna mais fácil usar as expressões e defesas corretas no texto a ser escrito.

Nem sempre o assessorado terá em mente dados e números ou, até mesmo, conseguirá ter lido os assuntos políticos e relevantes do dia. Por essa razão, o assessor precisa ter a capacidade de fazer um apanhado das informações relevantes para uma declaração, um discurso ou uma fala em uma reunião. A convivência e a confiança entre assessor e assessorado são grandes facilitadores desse trabalho.

(3.2)
O QUE É E COMO SE FAZ UM PRONUNCIAMENTO DA DIREÇÃO PARTIDÁRIA

Um pronunciamento é uma declaração pública e pode ser realizado para anúncios, posicionamentos ou manifestações. Trata-se de um texto mais formal e bem construído, que tem o formato de um texto de opinião. Faraco e Tezza (1992) mencionam que um texto de opinião defende algo e apresenta uma tese central, com argumentos que sustentam esse ponto de vista. Tais argumentos devem ser embasados com informações como dados e fatos. Dessa forma, é crucial a pesquisa anterior à produção de um pronunciamento.

Por isso, no momento em que se escreve um pronunciamento, é interessante listar qual é a principal mensagem e quais argumentos a sustentam. A esse respeito, observe o exemplo a seguir, do pronunciamento do Ministro da Saúde Nelson Teich, quando anunciou sua saída do governo em maio de 2020:

> *A vida é feita de escolhas. E hoje eu escolhi sair. Digo a vocês que eu dei o melhor de mim nesses dias que eu estive aqui nesse período. Não é uma coisa simples estar à frente de um ministério como esse num período tão difícil. Agradeço ao meu time que sempre esteve ao meu lado. Sempre. Esse é o trabalho de um grande time. Conduzir a saúde é o trabalho de muita gente e de um grande time. E eu tenho aqui a honra e o prazer de ter estado ao lado dessas pessoas que como eu, repito, sempre estiveram do meu lado, sempre me apoiaram e sempre trabalharam intensamente por este país.*

A missão da saúde, ela é tripartite. Então, a gente envolve Ministério da Saúde, o Conass, o Conasems, os secretários estaduais e municipais. E isso é importante deixar claro. O Ministério da Saúde vê isso como algo absolutamente verdadeiro e essencial para conduzir a saúde desse país tanto na parte estratégica quanto na parte de execução. Esse é um momento em que um país inteiro luta pela saúde do Brasil, mas aqui eu realço a participação do ministério, do Conass e do Conasems

Traçamos aqui um plano estratégico que foi iniciado, as ações foram iniciadas, e que ele deve ser seguido. É importante lembrar que durante esse período a gente tem um foco total na Covid, mas a gente tem que lembrar que tem todo um sistema que envolve várias outras doenças, toda uma população para ser cuidada. Então, em todo o tempo que a gente trabalhou, que trabalha e trabalhou para solucionar e passar por esse momento da Covid, todo o sistema é pensado em paralelo.

Nesse período, a gente auxilia estados e municípios a passar por essas dificuldades. Habilitação de leitos foram quase 40 mil, são as EPIs, são os respiradores, são os recursos humanos. Isso acontece num momento de grande crise mundial, tanto dos insumos quanto dos equipamentos e dos EPIs. É uma luta diária, é uma luta intensa para que a gente consiga entregar e auxiliar estados e municípios a passar por isso.

E quando a gente fala estados e municípios, a gente está falando dos pacientes e das pessoas. Deixo um plano de trabalho, um plano pronto, para auxiliar os secretários estaduais, secretários municipais, prefeitos e governadores a tentar entender o que está acontecendo e definir próximos passos. Aqui a gente entrega quais são os pontos que têm que ser avaliados, quais são os itens que são críticos, que se hoje a gente não consegue que precisam ser encontrados, e auxiliando o entendimento do momento e da tomada de decisão.

Foi construído um programa de testagem que está pronto para ser implementado. Isso vai ser importante para que a gente entenda a situação da Covid no Brasil e a sua evolução. Isso também é fundamental para que a gente defina estratégias e ações.

A gente iniciou as visitas nas cidades mais atingidas e isso foi fundamental. Que é fundamental você estar na ponta, foi fundamental para gente estar com essas pessoas, entender o que acontece no dia a dia, ver o que está sendo feito, entender melhor o que acontece na ponta. Esse entendimento foi fundamental para o desenho de ações que foram implementadas em seguida. E isso é uma preparação para ir em outros lugares, em outras cidades. E cada cidade que a gente vai, a gente está melhor preparado para enfrentar o desafio.

Aqui eu agradeço aos profissionais de saúde mais uma vez. Quando você vai na ponta que você vê como é que é o dia a dia dessas pessoas. Você se impressiona. A dedicação dessas pessoas, correndo risco, o tempo todo ao lado dos pacientes e das pessoas, é uma coisa realmente espetacular.

Eu agradeço ao presidente Jair Bolsonaro a oportunidade que me deu de ter feito parte do Ministério da Saúde. Isso era uma coisa muito importante para mim. Seria muito ruim na minha carreira não ter tido a oportunidade de atuar no ministério pelo SUS. Eu escrevi uma vez que eu sou uma pessoa formada, eu nasci graças ao serviço público, sempre estudei em escola pública, minha faculdade foi pública, minhas residências foram em hospitais federais. Eu fui criado pelo sistema público.

E o mais importante de tudo é o seguinte. Eu quero fechar isso para vocês. Eu não aceitei o convite pelo cargo. Eu aceitei porque eu achava que eu podia ajudar o Brasil e ajudar as pessoas.

> *Obrigado. Quero dizer que é uma honra estar aqui com essas pessoas todas aqui que estiveram do meu lado o tempo todo. É espetacular".*

Fonte: Jornal O Globo, 2020.

A declaração de despedida do ministro deve ser compreendida considerando-se o momento histórico: Teich ficou menos de um mês à frente da pasta da Saúde, substituindo Henrique Mandetta, que apresentou divergências de ideias com o presidente Bolsonaro no combate à Covid. Porém, Teich apresentou um relatório de gestão, afirmando que iniciou um trabalho importante, agradeceu o presidente pela oportunidade e terminou com um tom positivo.

Esta é a linha central do discurso: avaliação positiva e feitos cumpridos. Assim, o texto inicia com uma fala forte e já anuncia seu objetivo. Para fortalecer o trabalho, apresenta dados de equipamentos entregues e visitas feitas. E apesar de ser um texto produzido, utiliza expressões simples e informais.

Pronunciamentos políticos podem ter uma fala mais coloquial, inclusive para aproximar o político das pessoas. Utilizar exemplos do cotidiano delas, falar de pessoas que exemplificam casos ou, mesmo, aproveitar alguém conhecido na plateia para ser citado... Tudo isso soa simpático se o locutor (no caso, o dirigente partidário ou político com mandato) já dominar essa técnica e a improvisação. Escrever brincadeiras e ironias, sem que o locutor tenha "jeito" para transmiti-las, pode gerar efeito negativo.

Ao se elaborar um texto dessa natureza, após finalizá-lo, é recomendável lê-lo em voz alta para detectar palavras inconvenientes, bem como pontuações ou acentuações que possam atrapalhar a fala. É interessante evitar repetições e palavras longas ou difíceis de pronunciar. Cronometrar a fala também é importante, principalmente se há um limite de tempo, como em assembleias e reuniões virtuais.

(3.3)
O QUE É E COMO SE FAZ UM *RELEASE*

Empresas e organizações sempre alimentaram a imprensa de informações, e isso permanece na atualidade, fase com redações enxutas e menos numerosas. Todavia, mesmo na década de 1980, com as grandes redações, que tinham sucursais e correspondentes em várias partes do Brasil e do mundo, o texto enviado pelas assessorias era pensado para gerar pautas para os repórteres. A intenção, como já citado no Capítulo 1, é ser referência e fonte de informação sobre determinado assunto (Duarte, 2009).

O *press release* é o produto mais conhecido de uma assessoria de imprensa. Essa expressão inglesa, que em livre tradução significa "lançamento de imprensa", foi adotada no Brasil – e até aportuguesada para relise – como forma de identificar textos escritos em formato jornalístico, de origem de assessorias de imprensa, que têm como objetivo chamar atenção das redações para que possam virar pauta ou serem publicados/veiculados sem demandar muitas modificações (Ribeiro, 2014). Assim, o *press release* funciona como uma sugestão de pauta que deve conter critérios de noticiabilidade (Bona, 2017). Com base nele, o jornalista dá sequência ao trabalho, como checagem e apuração de outros dados (Chinem, 2003).

São textos relativamente curtos, porém, completos, pensados para estarem prontos para sua publicação, com dados, declarações e informações sobre determinado tema. Quando as assessorias profissionais entregam um texto já pronto, tornam o processo de produção da notícia eficiente e de baixo custo (Ribeiro, 2014), pois o repórter ou editor não precisa levantar todas as informações, bastando receber e checar os dados, incluir outras visões ou diferentes lados da história.

Um *release* pode ser enviado quando surge alguma novidade da empresa/organização que seja de interesse público, ou diante da necessidade de um posicionamento a respeito de um tema público. Tais acontecimentos não precisam ser diretamente ligados ao assessorado, mas ele pode emitir uma opinião sobre eles. Da mesma forma, o *release* pode ser útil para esclarecer algum fato ou divulgar decisões que podem afetar uma comunidade.

Com o tempo, as assessorias identificaram outras formas de chamar atenção com seus textos, em momentos que nem sempre se constituem como novidades, mas que podem despertar interesse da imprensa, tais como:

- **aniversário de acontecimentos importantes.** Exemplo: três anos de uma tragédia ambiental;
- **balanço** (relatório de dados). Exemplo: porcentagem de pessoas vacinadas até o momento em uma campanha contra H1N1;
- **serviço** (não é novidade, mas gera interesse). Exemplo: transferir o título de eleitor até a data estipulada pelo Tribunal Superior Eleitoral (TSE);
- **datas.** Exemplo: Dia do Trabalho.

Tais recursos, porém, só fazem sentido se o assessorado tem uma ligação com as pautas correlacionadas. Se é um político que também é médico, faz sentido falar do Dia do Coração, por exemplo. O importante para a assessoria de imprensa é saber identificar assuntos que são pauta para a mídia e fazer um bom levantamento das informações, para que, quando as redações receberem o texto, desperte interesse (Carvalho; Reis, 2009).

O texto deve ser escrito como uma matéria jornalística, com um título atrativo, mas conciso, em fonte maior e em negrito, para diferenciá-lo do texto. O primeiro parágrafo deve ser escrito em forma de *lead* (abertura), com as principais informações da notícia (o quê, como, quando, onde e quem). O indicado é escrever uma página de texto. Como as redações recebem centenas de *releases*, para ser lido, o texto deve ser objetivo, atrativo e conter todas as informações necessárias (Carvalho; Reis, 2009). O encerramento do texto geralmente se dá com o contato para as fontes e seus assessores de imprensa (Ribeiro, 2014).

A seguir, apresentaremos alguns exemplos reais de *release* para mostrar seus diversos tipos e finalidades. Começaremos pela **sugestão de pauta**:

Sugestão de pauta
Senado aprova aumento de punições para fraudes eletrônicas; texto vai à sanção.

"Com 76 votos a favor e nenhum contrário, o Senado aprovou nesta quarta-feira (5) o substitutivo elaborado pela Câmara dos Deputados ao Projeto de Lei (PL) 4.554/2020, que amplia as penas por fraudes praticadas com o uso de dispositivos eletrônicos (celulares, computadores, tablets), conectados ou não à internet.

O autor do projeto original é o senador Izalci Lucas (PSDB-DF). Na Câmara dos Deputados, a proposição foi aprovada sob a forma de substitutivo elaborado pelo deputado federal Vinicius Carvalho (Republicanos-SP). No Senado, esse substitutivo recebeu parecer favorável do senador Rodrigo Cunha (PSDB-AL). Agora o texto vai à sanção da Presidência da República.

O texto altera o Código Penal (Decreto-Lei 2.848, de 1940) para agravar penas como invasão de dispositivo, furto qualificado e estelionato ocorridos em meio digital, conectado ou não à internet.

Para o crime de invadir dispositivo informático com o fim de obter, adulterar ou destruir dados ou informações sem autorização do dono, ou ainda instalar vulnerabilidades para obter vantagem ilícita, atualmente a pena é de detenção de três meses a um ano, além de multa. Com o projeto, essa pena foi aumentada para reclusão entre um a quatro anos acrescida de multa.

Já se a invasão provocar obtenção de conteúdo de comunicações eletrônicas privadas, segredos comerciais ou industriais, informações sigilosas ou o controle remoto não autorizado do dispositivo invadido, a pena será, de acordo com o substitutivo, de reclusão de dois a cinco anos e multa. No Código Penal atual, essa pena é de seis meses a dois anos e multa, se a conduta não constitui crime mais grave".

Agência Senado

Fonte: Agência Senado, 2021.

A seguir, observe um exemplo de **convocação** espécie de carta que informa a imprensa sobre a organização da cobertura jornalística de determinado evento. É usada geralmente para atrair os veículos de comunicação para entrevistas coletivas ou abertura de eventos, podendo ser acompanhada de outros tipos de *release* ou compor um *press kit*.

> *Convocação – aviso de pauta*
>
> "O secretário de Saúde, Beto Preto, atende a imprensa nesta quinta-feira (6) na chegada das novas vacinas contra a Covid-19, no Centro de Medicamentos do Paraná (Cemepar). Ele falará sobre os próximos passos da campanha de imunização e o início da aplicação em novos grupos prioritários. O Estado recebe a primeira parte da 18ª pauta de distribuição do governo federal, composta por 242 mil imunizantes da AstraZeneca/Oxford.
>
> *Serviço*
>
> Data: 6 de maio, quinta-feira
> Horário: 16 horas
> Endereço: Av. Prefeito Lothário Meissner, 444–Jardim Botânico, Curitiba"

Fonte: Paraná, 2021a, grifo do original.

Já a **nota oficial** consiste em um texto distribuído em situações críticas, que requerem um posicionamento forte e definido do assessorado. Pode ser enviada aos veículos em geral e/ou publicada em jornais como matéria paga.

Nota oficial

Análise da vacina Sputnik V: nota de esclarecimento

"Desde janeiro de 2021, a Agência vem buscando respostas para todas as perguntas e incertezas existentes em relação à vacina Sputnik V.

Publicado em 05/05/2021 12h49 | Atualizado em 05/05/2021 14h00.

Desde o início do processo, a Anvisa tem atuado com ética e respeito com todas as empresas que pretendem ter vacinas contra a Covid-19 autorizadas no Brasil. Entretanto, a Agência não abandonou os preceitos básicos da conduta técnica para a aprovação das vacinas, permitindo concluir que os benefícios da proteção superam os riscos das graves consequências de se adoecer com a Covid-19.

Há rigor técnico sim em reuniões e trocas de informações, mas não falta respeito pelos países e suas autoridades e nem pelo desenvolvimento científico e pelos esforços que todos estão realizando na tentativa de colocar mais vacinas à disposição da população brasileira.

A Anvisa não está acima das críticas, mas são inadmissíveis os ataques à autoridade sanitária do Brasil e aos seus servidores públicos, que vêm atuando conforme a missão de servir ao Estado brasileiro e de promover a proteção da saúde da população.

O que vem sendo exigido são questões básicas para uma vacina e não são motivos para indignação e tentativa de difamação do Brasil e dos seus servidores. A Agência vem exigindo, por exemplo, o relatório técnico ou dados de toxicologia (por exemplo, estudos capazes de comprovar que a vacina não tem toxicidade para os órgãos reprodutivos e para o feto); dados de segurança por faixa etária e segurança, para aplicação da vacina em pessoas idosas e para as pessoas que

> *já tiveram a Covid-19; justificativas sobre os vieses observados nos estudos clínicos; dados sobre as respostas imunes induzidas pela vacina; relatórios de validação; estudos comparativos capazes de garantir que a produção do lote comercial é semelhante com o lote de 5 litros dos estudos clínicos; dados sobre o controle de vírus adventícios, impurezas, contaminantes e adenovírus replicantes e outros elementos já disponibilizados nos votos dos diretores e nas exigências feitas ao desenvolvedor da vacina".*

Fonte: Anvisa, 2021.

Para os textos a serem escritos, os jornalistas normalmente recebem sugestões por *e-mail*, por conta do tamanho do texto. Entretanto, isso não invalida o uso de aplicativo de mensagens quando se trata de uma nota ou de um aviso de pauta com texto menor.

Após produzir e aprovar o texto do *release* com os assessorados, o assessor deve pensar para quem enviar. Encaminhar para todos os contatos pode ser improdutivo: enche a caixa de mensagens dos jornalistas, e quando for algo de interesse de determinado veículo, pode não chamar atenção. Por isso, é mais produtivo pensar em materiais diferentes para diversos veículos – como enviar áudio às emissoras de rádio – ou materiais exclusivos, isto é, para apenas um veículo, pois, como lembra Bona (2017), o relacionamento é tudo nessa área. Por essa razão, entrar em contato, falar com os parceiros e checar se gostaram da sugestão, identificar se alguma informação a mais se faz necessária, tudo isso é importante para reforçar relacionamentos e conseguir emplacar a pauta.

(3.4)
O QUE É E COMO SE ORGANIZA UMA COLETIVA DE IMPRENSA

As coletivas de imprensa são eventos nos quais a fonte, ou seja, o assessorado concederá entrevista a vários veículos de mídia simultaneamente. Contudo, é importante que o anúncio valha uma coletiva, a qual só deverá ser convocada quando o assunto for muito relevante para o setor representado ou de muito interesse público (Fenaj, 2007).

Além do texto da convocação, o jornalista precisa pensar no ambiente onde será realizada a coletiva: se tem espaço, bom isolamento acústico, equipamentos necessários (como tela para passar algum vídeo ou apresentação, quando necessário) etc., ou seja, vai muito além da informação. Jornalistas e entrevistados precisam de condições técnicas e físicas para que a coletiva seja bem-sucedida.

Normalmente, a abertura da entrevista é feita pelo assessor de imprensa, em uma rápida introdução. Em seguida, o dirigente que responderá às perguntas geralmente faz uma fala inicial, seja para comunicar o motivo da entrevista ou fornecer um panorama de alguma situação. Na sequência, com a ajuda do assessor, abrem-se as inscrições para as perguntas dos jornalistas. Após as respostas, emissoras de rádio e televisão pedem para gravar algumas respostas, a fim de facilitar a edição da matéria.

Parece simples? Bem, não é! Uma entrevista coletiva não é a situação mais confortável para as organizações, pois podem surgir perguntas difíceis que abrem assuntos negativos para a entidade ou, ainda, que suscitam outros temas não previsíveis. Logo, trata-se de uma situação pouco controlável. A melhor forma de estar preparado para uma entrevista coletiva é passar por um *media training*. Como a expressão em inglês define, refere-se a um treinamento de mídia no qual são simuladas situações de entrevistas ou declarações, inclusive prevendo perguntas "ruins" para a empresa. O *media training* deve ser pensado para dirigentes estratégicos, escolhidos como os porta-vozes da organização, e realizado de forma contínua, de maneira estratégica, como explicam Duarte e Faria (2010, p. 360):

> *A capacitação de fontes e porta-vozes é um dos instrumentos de assessoria de imprensa que mais se popularizaram nos últimos anos. Aperfeiçoar continuamente os assessorados em compreender a imprensa, atender adequadamente suas demandas, ser proativo e aproveitar as oportunidades para transmitir mensagens de maneira eficiente e com elas influenciar os interessados tornou-se uma estratégia prioritária para as equipes de comunicação.*

Escolher o porta-voz é uma das tarefas mais importantes para se relacionar com a imprensa. Essa pessoa deve ser capaz de se dirigir aos jornalistas com segurança e precisão, passando uma correta percepção de como a empresa quer ser vista (Duarte; Faria, 2010). É igualmente importante que saiba falar com objetividade, clareza, firmeza e dominando o tema. Ainda, se necessário, deve saber improvisar em casos que fogem do esperado, como em uma pergunta constrangedora. Tudo isso só se consegue com muito treinamento, simulando entrevistas, palestras, entre outros tipos de comunicação com o público ou especificamente com a imprensa. Esse treinamento permite que erros sejam corrigidos, como vícios de fala, expressões faciais exageradas, entre outros, e ainda ajuda o porta-voz a se sentir mais tranquilo antes de passar pela entrevista real.

Quando estiver prestes a conceder a entrevista, o ideal é que o porta-voz esteja calmo, seguro das informações, com a ajuda da sua equipe, e preparado para falar sobre qualquer assunto (Di Assis; Isidoro, 2013).

O treinamento não é útil apenas para entrevistas, mas também para gravação de vídeo para redes sociais, *videoreleases* para mídia de imagem ou diante de qualquer outra necessidade de falar para o público. Atualmente, é muito comum a imprensa coletar declarações das fontes publicadas nas redes sociais das organizações. Por isso, todos os pronunciamentos precisam estar claros e objetivos, além de passarem as mensagens-chave que a organização deseja que cheguem ao público.

(3.5)
O QUE É E COMO SE FAZ UM DISCURSO DE DIRIGENTE PARTIDÁRIO

Aquela clássica cena de campanha de um candidato em um grande palco discursando para centenas de pessoas em praça pública praticamente não existe mais. A legislação eleitoral permite somente comícios, com aviso de, ao menos, 24 horas antes da realização e sem apresentações artísticas (Neves, 2020).

A dinâmica das campanhas mudou, e atualmente a arena de debate ocorre cada vez menos diretamente, sendo substituída por uma interação quase mediada (Thompson, 1998) pelos meios de comunicação de massa e redes sociais. Thompson (1998, p. 109) escreveu sobre essa mudança antes do advento da internet, mas já falava das campanhas com caráter monólogo, em uma situação na qual o indivíduo produz formas simbólicas para outros que não podem responder: "Querendo ou não, os líderes políticos hoje devem estar preparados para adaptar suas atividades a um novo tipo de visibilidade que funciona diversamente e em níveis completamente diferentes".

Essa mudança de dinâmica impactou o tom dos discursos, mas não o fez desaparecer. Mais do que nunca, em função da agilidade exigida pelas redes sociais, pensar em um texto falado para determinado público é um trabalho que requer muito cuidado e profissionalismo. Por isso, é importante entendermos o que é um discurso político e de que forma ele é compreendido na sociedade de rede.

Ao falar com o público, o político pensa na opinião pública e, por isso, tem um discurso diferente do de um juiz ou burocrata (Fantinati, 1990). Ele utiliza um texto persuasivo, de propaganda, com caráter ideológico e repleto de elementos de interesse de um público. Mesmo nos tempos atuais, com a importância da comunicação em rede, o discurso ainda carrega alguns elementos, como a razão e a emoção, além da construção da imagem do ser que fala como alguém digno de ser ouvido atentamente (Charaudeau, 2010). E para que tenha sucesso, o orador precisa falar de modo a seduzir seu ouvinte, com um caráter de dramatização (Charaudeau, 2010).

Tom de voz, expressões e gestos fazem parte da construção dessa emoção e do próprio texto. O público presta atenção aos gestos e às expressões faciais e julga se se trata de uma fala autêntica (Silveira, 2000). Se o público perceber algum sinal de falsidade nas expressões ou ações, desfaz a identificação imediatamente (Silveira, 2000). Novamente, apenas a experiência e o treinamento levam a um discurso objetivo, espontâneo e com conteúdo, o que era importante na comunicação direta e continua sendo na era digital.

Cada vez mais, o público segue a lógica do mínimo esforço para absorver informações, como bem explica Castells (2009). Ao mesmo tempo em que o meio digital permite alcançar mais pessoas, ele constitui-se de ligações mais frágeis e, portanto, mais difíceis de gerar apoiadores definitivos. A despeito disso, é a realidade: em um momento de fragilidade cívica, as redes constroem contatos e relacionamentos (Castells, 2009), inclusive os cívicos, ligando pessoas com mesmos valores, interesses e expressões de conflitos sociais. Por isso, compreender a atuação das pessoas nas redes é importante para alcançar a sociedade.

Hoje em dia, é mais difícil, por exemplo, chamar a atenção do público com discursos extensos. Cabe ao assessor, que ajuda a escrever esses textos, pensar em formas sucintas de transmitir mensagens que sejam, ao mesmo tempo, informativas e dinâmicas. Seja pessoalmente ou pelas redes sociais, alguns tópicos ajudam a construir uma comunicação dinâmica e que dê conta das informações que se pretende passar. Uma das maneiras é elencar mensagens-chave, ou seja, os tópicos/temas a serem defendidos, e para cada uma delas construir argumentos.

Figura 3.1 – Identificação de mensagem-chave

Mensagens-chave são conceitos ou afirmações determinadas previamente para posicionamento público e que a fonte enfatizará durante a entrevista buscando esclarecer, convencer e destacar. O recomendável são, no máximo, três e costumam ser definidas com a equipe de comunicação com base na análise do problema de comunicação, do tipo de mídia, veículo e jornalista. As mensagens devem ser claras, relevantes, consistentes, memorizáveis e concisas. Elas são preparadas previamente para serem inseridas e compreendidas no contexto da entrevista. Devem ser baseadas na preocupação ou necessidade de informação do público e costumam ser resumidas em palavras-chave e definidas com o auxílio de informações de suporte (frases de efeito, argumentos, fatos, dados, casos, exemplos, detalhes adicionais), utilizadas segundo a oportunidade para esclarecer, enfatizar, destacar o que se deseja.

Mensagem-chave	Suporte	
	Argumentos	Dados/Casos/Exemplos/Fontes
1.	•	•
	•	•
	•	•
2.	•	•
	•	•
	•	•
3.	•	•
	•	•
	•	•

(continua)

(Figura 3.1 – conclusão)

> Acima, um modelo simplificado de guia de mensagens. Neste caso são estabelecidas três mensagens-chave (o máximo, no caso de entrevista mais longas. O ideal é uma). Cada menasgem é apoiada por argumentos e informações objetivas. Pode-se fazer uma folha para cada mensagem, com argumentos e informações listados em ordem de prioridade. As mensagens são preparadas para cada entrevista a partir do contexto, do tema e, particularmente, da necessidade comunicativa naquele momento. Assim, o entrevistado define previamente o que é fundamental a ser destacado na conversa com o entrevistador e prepara-se para deixar este ponto muito claro por meio de ênfase e repetição, como um mantra. A mensagem principal pode ser decorada, mas argumentos e informações objetivas não o exigem. Se o entrevistado conhece o assunto (o que é de se esperar), certamente vai lembrar-se de utilizar conforme as oportunidades surgidas no desenvolvimento da conversa.
> Uma estratégia para o uso de mensagens-chave é responder objetivo a pergunta e utilizar "expressões-ponte" ou "conectores". Usam-se expressões de ligação como "O fato é que...", "... e é importante destacar que...", "... e além disso...", "... e devo acrescentar que...", "... destacando que...", por exemplo, para apresentar a mensagem-chave. Esta técnica permite, também, retomar uma questão relevante ou chamar a atenção para algo que possa não ter ficado claro, sem que se perca a fluência ou soe artificial. Uma maneira de apresentar esta lógica é pela fórmula "Pergunta = Resposta = Mensagem". Cabe destacar que esta estratégia não significa deixar de responder. A mensagem conecta-se na resposta dada ao jornalista e a complementa.

Fonte: Duarte; Faria, 2010, p. 5.

A Figura 3.1 foi elaborada por Duarte e Faria (2010) para o treinamento de mídia, mas a consideramos um bom modelo para pensar discursos. No caso de vídeos para redes sociais, provavelmente cada tópico gerará um vídeo, em função do tempo de fala, o que será mais bem explicado no capítulo seguinte. De toda forma, pode ser um primeiro "esqueleto" para se pensar qual mensagem se pretende passar e quais argumentos a sustentam, sejam racionais ou emocionais.

Após esse resumo, o texto deve ser escrito para ser falado. Por isso, é importante que seja lido em voz alta para que se perceba possíveis dificuldades de fala em função de palavras ou pontuação. A leitura também dará a noção do tempo necessário para cumprir o discurso.

O texto não pode ser decorado e, em virtude disso, alguns preferem se apoiar em anotações, ao passo que outros preferirem memorizar apenas um tópico. A melhor técnica para falar bem é aquela que faz o orador se sentir mais à vontade. Se for uma pessoa que tem facilidade para memorizar, até poderá decorar o texto, apesar de essa ser a forma menos aconselhável (Polito; Polito, 2015).

Os políticos, geralmente, têm facilidade de falar em público, e a timidez não costuma ser um problema. No entanto, mesmo para os mais desinibidos, apenas a prática leva a uma fala lógica, consistente e persuasiva. Nessa ótica, o assessor deve ficar atento aos vícios de fala – como o termo *né*, que costumeiramente surge em finais de frases – e às expressões corporais exageradas – como erguer muito as mãos – e passar esse retorno ao assessorado. O texto escrito pelo assessor pode, e deve, mudar naturalmente quando é falado por outra pessoa. Dessa forma, é normal e esperado que o enunciante final utilize as próprias palavras. O mais importante é não se esquecer da mensagem que se deseja passar, bem como que a fala tenha um conteúdo objetivo e coerente, além de ser interessante para o público que se pretende atingir.

Para saber mais

Quer conhecer um bom exemplo de treinamento? Assista ao episódio 15 de *Designated Survivor*. A série inteira é recomendada para quem pretende trabalhar com política, pois mostra muitas situações cotidianas entre políticos e imprensa. Nessa série, um secretário secundário do governo norte-americano acaba assumindo a presidência após um atentado no Capitólio, o prédio do Congresso norte-americano, onde presidente, parlamentares e todos os ministros estavam para o pronunciamento do chefe da nação. Nos Estados Unidos, existe mesmo esse "sobrevivente designado", uma pessoa que recebe normalmente essa responsabilidade em casos de todos os dirigentes norte-americanos estarem reunidos por algum motivo.

Sem estar sob os holofotes anteriormente, o personagem Tom Kirkman precisa aprender a lidar com a imprensa; para isso, conta com a ajuda de uma boa equipe de comunicação. O episódio 15 mostra o treinamento e, depois, o resultado em um evento público.

DESIGNATED SURVIVOR. **One Hundred Days**. Direção: David Guggenheim. EUA: 20th Television, 2016-2018. Episódio 15.

Síntese

Neste capítulo, versamos sobre a importância da preparação do discurso para um dirigente partidário ou político. Ainda, expusemos o conceito básico de *release* e apresentamos alguns exemplos desse tipo de comunicação. Também esclarecemos quando e como organizar uma coletiva de imprensa e ressaltamos a importância de o porta-voz estar preparado. Por fim, fornecemos algumas dicas de como preparar um discurso político.

Questões para revisão

1. Assinale a alternativa que apresenta apenas componentes do marketing que ajudam a construir a imagem de um partido em uma campanha:
   a) *Jingle*, bandeira, ideologia.
   b) *Slogan*, urna eletrônica, logomarca.
   c) Contas de campanha, *jingle*, mensagens-chave.
   d) Bandeira, *slogan*, logomarca.
   e) Discurso, contas de campanha, ideologia.

2. Um pronunciamento é uma declaração pública e pode ser realizado para anúncios, posicionamentos ou manifestações. Diante dessa afirmativa, leia as sentenças a seguir:

   I) Um discurso político, geralmente, é opinativo e, por isso, apresenta uma tese central, com argumentos que sustentam uma opinião. Tais argumentos devem ser embasados, fornecendo informações como dados e fatos.

   II) Pronunciamentos políticos podem ter uma fala mais coloquial, inclusive para aproximar o político do discursante. Nesse sentido, é válido utilizar exemplos do cotidiano delas, falar de pessoas que exemplificam casos etc.

   Agora, indique a seguir a alternativa correta a respeito das duas sentenças:

   a) As duas formas estão corretas e podem ser escolhidas de acordo com o perfil do político e do público-alvo do discurso.

   b) Apenas a primeira sentença é verdadeira, pois o político deve sempre ter um discurso sério e embasado.

   c) Apenas a segunda sentença é verdadeira, pois o político deve cativar o eleitor e não se esforçar para apresentar dados.

   d) As duas sentenças estão incorretas, pois um político não deve ser tão sério nem tão coloquial.

   e) As duas sentenças estão incorretas, pois a população não gosta de discursos e, por isso, é preciso evitá-los.

3. Leia os textos a seguir e identifique a que tipo de *release* eles podem ser enquadrados:

> **Texto 1**
>
> O Governo do Paraná apresenta neste sábado (18) os serviços de segurança, esportes e lazer preparados para os veranistas e moradores do Litoral do Estado. A cerimônia contará com a presença de autoridades estaduais e municipais.
>
> O Verão Paraná–Viva a Vida é oriundo de um planejamento feito pelo Governo do Estado, por meio da Secretaria da Segurança Pública, coordenadora do projeto, para maximizar a qualidade dos serviços públicos com reforço de efetivo, viaturas e equipamentos, mais saúde nas unidades hospitalares e de atendimento de emergência, bem como o oferecimento de atividades recreativas, de lazer e de turismo.
>
> Além das forças da segurança, também atuarão a Secretaria da Saúde (Sesa), a Secretaria do Desenvolvimento Sustentável e Turismo (Sedest), a Secretaria da Justiça, Família e Trabalho (Sejuf), a Copel, a Sanepar, o Departamento de Trânsito (Detran-PR), a Paraná Turismo, a Receita Estadual, o Departamento de Estradas e Rodagem (DER/PR), a Superintendência do Esporte, o Tribunal de Justiça e o Instituto de Água e Terra (IAT), entre outras secretarias e instituições.
>
> **Serviço**:
> Data: 18 de dezembro, sábado
> Hora: 10 horas
> Local: Em frente ao Sesc Caiobá em Matinhos–Avenida Atlântica, em frente à orla de Matinhos

Fonte: Paraná, 2021b, grifo do original.

> **Texto 2**
>
> Recentemente, uma pesquisadora do Instituto Igarapé, que participava de uma reunião técnica sobre segurança no Rio de Janeiro, teve sua fala reproduzida em um programa eleitoral. O Instituto Igarapé é um *think tank* independente e apartidário que produz pesquisas com base em evidências para oferecer insumos para políticas públicas. Dialogamos com candidatos e governos de todos os partidos e com todos os poderes do Estado. O Instituto não apoia qualquer candidatura em particular. Estamos abertos e à disposição de qualquer candidato e instituição que busque assessoria técnica nas agendas em que somos especialistas.

Fonte: Duarte, 2016.

Na ordem, os dois textos são do tipo

a) aviso de pauta e nota.
b) artigo e nota.
c) nota e esclarecimento.
d) padrão e nota.
e) opinião e esclarecimento.

4. As coletivas de imprensa são eventos nos quais a fonte, ou seja, o assessorado, concede entrevista a vários veículos de mídia simultaneamente. Explique em quais situações é aconselhado convocar uma entrevista coletiva.

5. A mudança da comunicação proporcionada pelas redes sociais não alterou a importância da boa elaboração de discursos. Mais do que nunca, em razão da agilidade exigida pelas redes sociais, pensar em um texto falado para determinado público é um trabalho que requer muito cuidado e profissionalismo.

Diante dessa afirmativa, qual dos elementos a seguir não deve ser observado no momento de elaborar um discurso político?
a) Tempo.
b) Mensagens-chave.
c) Facilidade para a leitura do texto.
d) Argumentos.
e) Memorizar o texto.

6. Explique o que é *media training*.

Questão para reflexão

1. Há políticos que naturalmente têm o dom do discurso. São pessoas que têm facilidade para falar e construir narrativas cativantes. Você acha que é preciso dom, ou há outras formas de se preparar durante a vida para ter argumentos e conseguir produzir um bom discurso? Que formas são essas?

Capítulo 4
Mídias sociais para
partidos políticos

Conteúdos do capítulo

- Mídias sociais de partidos e as *fake news*.
- Imagem nas mídias sociais.
- Mídias sociais específicas para eleições.
- Profissionais necessários para uma boa rede social partidária.

Após o estudo deste capítulo, você será capaz de:

1. caracterizar o uso das redes sociais para partidos políticos;
2. utilizar redes sociais;
3. identificar como as *fake news* prejudicam a democracia;
4. construir uma imagem para a campanha eleitoral.

(4.1)
O QUE SÃO MÍDIAS SOCIAIS

Formas *on-line* de comunicação e interação entre indivíduos, empresas e instituições (Costa, 2017), as mídias sociais guardam uma lógica diferente dos meios tradicionais de *mass media*, ampliando a cadeia de produção da notícia rompendo com a ideia de "mão única" do jornalismo tradicional (Squirra, 2012). Se anteriormente o jornalista era aquele que definia o que seria difundido como a realidade dos fatos para os receptores da mensagem, pela atuação das redes sociais é o consumidor quem define o que é notícia e em qual momento (Squirra, 2012).

Para Costa (2017), mídias sociais não podem ser utilizadas como sinônimo de redes sociais, pois estas estão ligadas a plataformas de relacionamentos pelas quais as pessoas criam perfis para interagir umas com as outras e integrar uma comunidade (Costa, 2017). Partindo desse conceito, podemos abordar de modo mais abrangente o conjunto de mídias digitais de compartilhamento de informação por meio de texto, áudio, vídeo e imagens, nas quais estão incluídas plataformas de relacionamentos como Instagram, Facebook, Twitter e LinkedIn, entre outras.

Cada mídia social que surge, ou cada avanço tecnológico na área da comunicação, transforma a cultura da sociedade. Nesse momento, conforme Pierre Lévy (citado por Hernandes, 2019). estamos vivendo um panorama de onipresença das comunicações, no qual todas as pessoas estão conectadas em tempo integral mantendo relações mediadas por robôs.

Diante dessa dinâmica, deve-se reconhecer o impacto que as redes sociais têm na busca por informação. Ao mesmo tempo em que se tem uma "inundação de dados [...], a uma cacofonia e o psitacismo ensurdecedor das mídias, a guerra das imagens, as propagandas e as contra propagandas, a confusão dos espíritos" (Lévy, 1999, p. 13).

O que Pierre Lévy indicava no início da popularização da rede mundial ainda hoje é um desafio para o jornalismo, inclusive o político: saber se destacar em meio a um oceano de informações oriundas de diversas fontes.

Para isso, compreender as regras e as limitações definidas pelas empresas detentoras dessas plataformas é o primeiro passo. Embora seja mais fácil alcançar pessoas no ambiente digital do que no meio tradicional, é preciso lidar com as mídias digitais, além de estabelecer o público-alvo e os objetivos da comunicação.

Nessa ótica, a primeira barreira encontrada se refere aos algoritmos, filtros que criam bolhas de interação, ou seja, o usuário acaba vivendo em uma sociedade virtual fechada, comunicando-se sempre com as mesmas pessoas ou perfis e não tendo acesso a outros pensamentos. Para explicar esse cenário, Pariser (2012, p. 127) usou a expressão "O jardim fechado do Facebook", pois os algoritmos selecionam um conjunto de relações e interações do usuário, fazendo alguns conteúdos aparecerem e outros não, sem avisar as pessoas sobre essa seleção.

Ainda que o usuário seja um gênio da programação e compreenda os atuais algoritmos utilizados, as detentoras das redes sociais trocam esses filtros de tempos em tempos. Por quê? Elas querem que você pague para alcançar as pessoas que deseja: "Quanto mais pessoalmente relevantes forem as informações ofertadas, mais anúncios elas poderão vender e maior a probabilidade de você comprar os produtos que elas oferecem. E a fórmula funciona" (Pariser, 2012, p. 13).

Além do algoritmo, outras ferramentas importantes para que um perfil chegue ao maior número de pessoas em rede social são o alcance e o engajamento. Quando uma postagem tem um bom alcance naturalmente, chamamos isso de alcance orgânico. Contudo, as empresas vendem um maior alcance no chamado impulsionamento, a fim de que o perfil apareça na *timeline* de pessoas que não o veriam naturalmente.

O engajamento orgânico ocorre quando o usuário reage a uma publicação (curte, compartilha, comenta) de forma espontânea, seja porque segue determinado perfil e gosta, seja porque um amigo compartilhou e atingiu a terceira pessoa. De acordo com Wesller (2018), não é o volume de publicações que alavanca uma página, mas sim aquela que atrai leitura e reação.

Os vídeos são a melhor forma de fazer o público se engajar, mas precisam ser bem produzidos e não podem ser longos ou chatos, por exemplo (Wesller, 2018). As *lives* – transmissões ao vivo – ganharam força em 2020, com a pandemia da Covid-19, o que ajudou a atrair público para as redes. Outro formato explorado, e que deve ser utilizado com cuidado por partidos, são os memes, com mensagens irônicas, mas que podem estar associadas à desconstrução de imagens dos adversários.

Para que tais estratégias sejam bem-sucedidas, é necessário conhecer o comportamento do público-alvo nas redes sociais: em quais períodos do dia as pessoas mais acessam as redes sociais, por quanto tempo permanecem, pelo que se interessam etc. Esses dados só são obtidos por meio da prática, testando formatos, horários e formas de interação. Tais testes que indicarão quantas postagens, e em quais horários, produzem melhor resultado, e essa programação faz parte da **gestão das redes sociais**.

(4.2)
MÍDIAS SOCIAIS PARTIDÁRIAS E DISCUSSÃO SOBRE *FAKE NEWS*

Diante da complexidade do mundo digital, candidatos e partidos tentam se inserir na comunicação virtual nessa forma de mídia sobre a qual não se tem controle total, tentando gerenciar fluxo de informação disponível aos eleitores e o crescimento da crítica aos políticos, potencializada pelo ambiente digital (Cervi; Neves, 2018). Por isso, mais do que compreender como funciona a comunicação nas mídias sociais, é necessário estudar como elas podem interatuar com a política e de que forma importam para a democracia.

No cenário digital, não são apenas os candidatos que se apresentam como os mais capacitados para os cargos em disputa. Disso decorrem algumas distorções no debate político, conforme pode ser observado em Cervi (2016, p. 23):

> *A novidade trazida pela intensificação do debate eleitoral em comunidades digitais é a acelerada adoção desse tipo de comportamento por parte dos não políticos. Daqueles que, com o objetivo de se posicionar publicamente em favor ou contra algum político profissional, são capazes de agir de formas tortas, difundindo conteúdos reconhecidamente inverídicos ou sem usar as informações disponíveis para aumentar sua independência em relação às opções eleitorais. Ao contrário, vinculando-se mais fortemente a uma delas, reforçando a lógica da parcialidade do político profissional ao invés de usar as ferramentas disponíveis para controlá-la ou limitá-la.*

Por conta das *fake news*, muito utilizadas nas últimas campanhas para prejudicar a imagem de políticos adversários, o cuidado com o conteúdo das redes de partidos e políticos se tornou ainda mais importante. Não se trata de campanha negativa, no sentido de desconstruir adversários (Borba, 2015), que faz parte do discurso eleitoral, mas sim de mentiras pregadas de forma irregular para atingir algumas figuras públicas ou posicionamentos. Ofender ou passar dos limites são infrações previstas no art. 57-I, da Lei Eleitoral n. 13.488, de 6 de outubro de 2017 (Brasil, 2017). Nesse momento, está em análise, pelo Senado Federal, um Projeto de Lei revogando a Lei de Segurança Nacional que inclui no Código Penal previsão de crime a quem divulgar notícias falsas nas eleições. A proposta prevê a reclusão de 1 a 5 anos e pagamento de multa.

Habermas (1984) aponta o debate e a deliberação pela sociedade civil como pilares para a democracia, sendo a esfera pública o resultado da arena de discussões na sociedade interconectada. Para Gomes (1999), a esfera pública, para ser concretizada, precisa de discussão e visibilidade, em forma de argumentos e publicidade tanto em espaços formais de deliberação quanto nos informais, a exemplo das redes sociais.

Entretanto, os instrumentos de desinformação, ou de notícias falsas, tornam essa arena turva porque dificultam o debate entre diferentes posições, inserindo inverdades, distorções, exageros ou, mesmo, suprimindo determinados pontos da discussão. Esse processo gera uma fragmentação da deliberação pública, pois delimita o trânsito das informações, segundo Fuchs (2015).

A expressão *fake news* se tornou popular com a campanha de Donald Trump para as eleições nos Estados Unidos, em 2016, como assinalam Dourado e Gomes (2019), também acentuada com a campanha do Brexit – saída do Reino Unido da União Europeia. Esses instrumentos de desinformação são expostos para a sociedade com o propósito de desconstruir imagens, confundir a opinião pública sobre determinado assunto ou, ainda, por razões financeiras, pois informações que causam sentimentos extremos, como o ódio, ajudam no aumento da circulação da notícia falsa, inclusive com intenções financeiras subjacentes a essa divulgação. O formato utilizado pelos propagadores de *fake news* geralmente se assemelha ao da retórica jornalística, com chamadas, textos e dados que "recrutam" aliados a diminuírem a confiança nos veículos de comunicação tradicionais.

As plataformas digitais mantêm regras de uso, com o objetivo de moderar os conteúdos e retirar os que são considerados de violência, desinformação ou fraude. Não obstante, ao mesmo tempo, elas precisam conservar a liberdade de expressão, os interesses dos usuários e o modelo de negócios. O problema maior é que a forma de retirada dos conteúdos nem sempre é clara, e os processos são de autorregulação, ou seja, não há controle de governança dessa prática de moderação (César, 2021). Assim, muitos documentos teoricamente retirados ficam na rede, de alguma forma, ou são repassados de maneira viral antes de serem suprimidos, o que já acarreta um dano de informação.

Mesmo sabendo da existência desse uso irregular das redes por parte de partidos e determinados políticos, é melhor ocupar o espaço regular da comunicação digital. Para partidos e políticos, as redes sociais se consolidaram como canais para informar, recrutar, mobilizar e interagir com cidadãos, ampliando o alcance das mensagens para eleitores com diferentes níveis de engajamento político (Rossini et al., 2014). Por isso, são usadas como meio de construção da imagem, declaração de posicionamento, divulgação de propostas e para ataques a adversários.

A cada mídia social criada e à qual a população adere, ou a cada novo recurso que aparece em uma mídia social já consolidada, muitos políticos procuram se adequar para atrair o olhar da população. Contudo, apenas no período eleitoral se faz preciso tomar cuidados com as restrições da lei.

O uso mais amplo das mídias sociais pelas campanhas só foi possível, pela legislação das eleições brasileiras, a partir de 2009, com impacto para as eleições de 2010 (Neves; Santos, 2017), quando o Twitter teve uma boa presença. As campanhas passaram a utilizar as redes sociais e aplicativos de mensagens, de forma mais ampla a partir de 2012.

O Twitter foi utilizado primeiramente nas eleições de 2010 como forma não somente de se comunicar pelo microblog em si, mas também para conseguir seguidores como mediadores, pois estes repassam informações para outros eleitores (Cervi; Massuchin, 2011). O Facebook também contribuiu para distribuir mensagens, por meio das ferramentas "curtir", "compartilhar" ou "comentar". Dessa forma, candidatos brasileiros se mostram dispostos a arriscar uma comunicação mais forte pelo meio digital, o que não necessariamente se converte em votos. Como mostraram Marques e Sampaio (2011), nas eleições brasileiras de 2010, os concorrentes que melhor utilizaram redes sociais foram os mesmos que não alcançaram sucesso relevante nas urnas.

Marques e Sampaio (2011) relatam que, durante as eleições de 2010 no Brasil, as coordenações de campanhas enfatizaram o uso do Twitter para divulgar informações e agregar militantes. A ferramenta mostrou potencialidade no efeito de repercussão – "por meio do clique em *hashtags* (termos antecedidos pelo símbolo "#" que, ao serem clicados, permitem acesso ao conteúdo postado por outros usuários sobre determinado tema), presentes nos *Trending Topics* (TT). Termômetro instantâneo da opinião pública" (Marques; Sampaio, 2011, p. 213).

Marques (2016) considera que o perfil do público a ser alcançado é uma das principais razões que levam os agentes do campo político a adotar as ferramentas digitais de comunicação com maior ou menor grau de intensidade. Nesse sentido, campanhas brasileiras têm mobilizado meios digitais para estratégias, por meio do WhatsApp (desde 2014) para a distribuição de materiais humorísticos – os memes – e da terceirização de campanhas negativas em perfis falsos no Facebook (Marques, 2016).

Facebook e Twitter são meios nos quais as pessoas interagem, de modos e em graus variados, com outras pessoas, grupos ou instituições, amigos e familiares, o que acaba gerando uma rede de disseminação da propaganda (Aggio, 2016; Panagopoulos, 2017). O Twitter é o melhor meio para expressar opiniões de assuntos do dia, além de ser uma plataforma muito usada por políticos brasileiros.

Por seu turno, o YouTube é uma boa plataforma para fazer anúncios, mostrar falas em eventos ou, mesmo, disseminar discussões em vídeos (Panagopoulos, 2017). Ainda, ao lado do Instagram, tem sido um dos veículos mais utilizados para transmitir debates e falas por meio de *lives*.

O Instagram já foi um aplicativo bastante usado para inserir conteúdos pessoais, no intento de criar uma identificação com o eleitor (Panagopoulos, 2017), mas as mudanças no aplicativo ampliaram seu uso. Começou como uma rede que priorizava imagens, mas com o tempo ganhou espaço para texto e agora, com o *reels*, aceita vídeos com coreografias ou efeitos especiais nas imagens. Essa ferramenta foi criada após a ascensão do TikTok, considerada uma mídia voltada a um público mais adolescente, mas que é explorada por políticos de forma humorada para chamar atenção dos seguidores. O Instagram, que já era utilizado para transmissões ao vivo, permite hoje conversas com até quatro pessoas, o que auxilia a ampliar seu uso na comunicação com os seguidores. Além disso, a plataforma já anunciou que dará mais espaço para conteúdos em vídeo e de entretenimento, em uma clara reação ao sucesso do TikTok.

Podcasts em plataformas de *streaming* são outra forma de falar sobre política para diversos públicos, de maneira mais leve, com mesas de bate-papos mediadas. Também constituem uma maneira de dirigentes partidários falarem sobre propostas e posicionamentos. E não param de aparecer novidades, como o Clubhouse, aplicativo que distribui conversas em áudios dos mais diversos temas, incluindo o que ocorre no universo político mundo afora.

(4.3) Construção de imagem nas mídias sociais

Em abril de 2021, a cantora Anitta postou uma imagem de um novo single, "Girl for Rio", na parte frontal de um ônibus do transporte coletivo típico do subúrbio carioca. A imagem, como tudo que Anitta faz, viralizou e foi copiada por celebridades, pessoas comuns e também muitos políticos. Isto é, uma das dicas de marketing digital é acompanhar o que está "fervendo" nas redes, o que está sendo mais comentado e compartilhado e criar versões de tais conteúdos ou *posts* sobre o assunto. Essa é uma dica boa a se seguir, mas com cautela.

Estudo de caso – Ousar sim, mas com cuidado

Quando vi a imagem de um político em particular na parte da frente de um ônibus, imitando o que Anitta havia feito, tive a sensação de que tal estratégia estava um pouco forçada e percebi que esse político perdeu seguidores após o *post* com tal imagem, apesar de receber muitas curtidas. Trata-se de uma pessoa mais séria, com uma postura de bastante autoridade e que não combina com a forma descontraída e *cool* de Anitta. Cito esse exemplo para dizer que é muito importante construir a imagem do político com base em valores e ideais próprios, e não do que viralizou com personalidades de outras áreas. É possível ousar, de vez em quando, mas nos limites de uma proposta de imagem, ou corre-se o risco de perder seguidores/eleitores fiéis por forçar algo que não é autêntico.

A relação entre marcas e a sociedade, mais do que o caráter de identificação, carrega consigo um valor simbólico de comportamentos e identidades (Azevedo Júnior; Caldas, 2017). Essa lógica vale também para partidos, que disputam a lembrança e identificação do eleitor na hora do voto. Uma tática utilizada pelas legendas, diante da crise de representação dos partidos, é retirar da sigla a palavra *partido* (Azevedo Júnior; Caldas, 2017), como fizeram Democratas, Cidadania, Podemos, entre outros. Com isso, tenta-se construir uma imagem de movimento político, e não de partido tradicional.

A tendência de buscar a identificação do eleitor ao partido ou candidato sempre esteve presente na política, pois parte da escolha do voto não é racional, mas emocional, e com um simbolismo oculto (Lavareda, 2009). Isso significa que muitas pessoas simplesmente gostam de determinado partido ou político e antipatizam com outros, sem conseguir explicar exatamente o porquê. Os motivos ocultos podem ser explicados por questões sociológicas e psicológicas, que incluem valores e comportamentos (Veiga, 2007). Além disso, nessa equação, conta a satisfação do eleitor com o atual governo e se o partido é de oposição ou não a ele. Assim, se gosta do governo, tende a apreciar políticos e partidos que o apoiem.

Com as redes sociais, esse processo de construção da imagem se tornou ainda mais relevante, pois a aproximação com o público-alvo começa bem antes do período eleitoral. Assim, deve-se mostrar posicionamentos, projetos, críticas e ideias da legenda ou dirigente, e espera-se que o conteúdo se fundamente em visões partidárias e práticas dos políticos. Se um deputado, por exemplo, constrói sua carreira política em torno da defesa de vidas no trânsito e no momento de votar mudanças na legislação ajuda a aprovar medidas que flexibilizam a punição de infratores, terá que lidar com as consequências disso em suas redes sociais.

Esse é um exemplo extremo, mas é importante perceber que as redes, ao mesmo tempo em que facilitam a comunicação com os cidadãos, dão maior visibilidade às práticas dos políticos. Por isso, os posicionamentos devem estar em consonância com a prática do ator político. Da mesma forma, é arriscado tentar visualmente parecer ser o que não é, o que envolve mudar de visual, de estilo, de corte de cabelo etc. Tudo é perceptível nas redes. Isso significa que a mudança é, sim, positiva, mas sem que se tente parecer o que não se é (como um político mais conservador que passa a usar roupas mais justas, querendo se modernizar). Há profissionais especializados em montar o perfil de personalidade e buscar adequar a ela o aspecto visual. Políticos usam muito esse tipo de serviço de visagismo (ou *personal stylist*). No entanto, vale ressaltar que é importante cuidar para que a mudança não cause estranhamento, como no caso do meme da Anitta.

> **Para saber mais**
>
> Uma postagem bem polêmica foi a da deputada federal Alê Silva (PSL-MG), que gravou um vídeo no Salão Verde da Câmara dos Deputados dançando a música "Carpinteiro" que fazia sucesso no TikTok. A postagem foi feita em maio de 2021; no vídeo, ela e dois assessores dançam, em uma cena que é, ao mesmo tempo, engraçada e constrangedora. A deputada explicou que gravou o vídeo como forma de animar uma pessoa que estava com depressão, e acreditava que o riso a ajudaria.
>
> Assista ao vídeo no YouTube e tire suas conclusões:
>
> DEPUTADA faz "dancinha do carpinteiro" na Câmara e é criticada por colega. Disponível em: <https://www.youtube.com/watch?v=od1J3_VvJOs>. Acesso em: 20 dez. 2021.

(4.4) Mídias sociais para eleições

Campanhas eleitorais no Brasil ocorrem em um período curto, de 45 dias, com uma disputa imensa pela visibilidade perante os eleitores. Por isso, é importante iniciar a comunicação com o eleitor antes do período oficial de campanha. Há restrições previstas pela Lei Eleitoral (Brasil, 2017) e resoluções do Tribunal Superior Eleitoral (TSE) que devem ser respeitadas, como não pedir voto antes do tempo oficial de campanha. Desde 2015, a minirreforma eleitoral ampliou as possibilidades de campanha, flexibilizando o uso da rede para a divulgação de candidaturas antes do período oficial. Dessa forma, não é considerada propaganda antecipada a menção à pretensa candidatura e a exaltação das qualidades dos pré-candidatos nas redes sociais, desde que não haja pedido explícito de voto (Neves; Silvestrini; Lima, 2019).

Assim, é possível citar uma pré-candidatura e explanar opiniões, projetos ou, ainda, participar de debates e *lives*, desde que não haja pedido de voto. A logomarca do nome, ou projeto gráfico, não pode ser a mesma entre os períodos pré-eleitoral e de campanha. Outro importante detalhe a ser observado diz respeito à possibilidade de impulsionamento, a qual é permitida no período eleitoral, desde que feita com as ferramentas próprias das plataformas (Neves; Silvestrini; Lima, 2019). Com isso, consegue-se alcançar eleitores que normalmente não visualizam o conteúdo. Ao mesmo tempo, as plataformas identificam se tratar de patrocínio eleitoral e têm mecanismos para que o usuário bloqueie conteúdos relacionados à política.

Portanto, o uso das redes sociais para eleições prevê regras e uma relação muito delicada para não perder seguidores. Novamente, tudo deve ser feito com autenticidade, por meio de um conteúdo relevante ao público.

Ao estudarem a pré-campanha de dois candidatos ao governo do Paraná em 2018, Neves, Silvestrini e Lima (2019, p. 72) encontraram os temas mais comuns de postagens no Facebook, no primeiro semestre daquele ano:

a. *campanha: quando claramente tinha um tom de proposta eleitoral, sem ser crítica ou sugestão de políticas públicas. Agendas políticas também entram nesta categoria, por entender que compromissos políticos em período pré-eleitoral já têm tom de campanha;*
b. *assuntos pessoais: entram nesta categoria posts com fotos, mensagens de família ou outro conteúdo meramente pessoal;*
c. *políticas públicas: quando o pré-candidato se posiciona em relação ao futuro de um setor da gestão, como segurança pública, agricultura, infraestrutura, sem tom de promessa eleitoral;*

d. *apoio: quando anuncia no Facebook o apoio de uma liderança política;*
e. *ético/moral: quando cita temas como combate à corrupção, malfeitos pelo Estado de cunho ético e moral ou, ainda, conteúdo religioso;*
f. *mídia: quando cita algum programa de rádio, TV ou outra mídia, seja por ter concedido entrevista ou comentado sobre algum programa;*
g. *conversas e agradecimentos: cita algum encontro que não tenha característica de evento de campanha ou agradece publicamente a alguém;*
h. *outros: alguns que não se enquadram em outras categorias, como aniversário de uma cidade, bom dia ou dica de música.* (Neves; Silvestrini; Lima, 2019, p. 72)

Perceba que, nessa lista, entram temas mais políticos e outros mais pessoais. O período pré-eleitoral nas redes sociais é importante, entre outros motivos, para mostrar movimentações e apoios, mas sem deixar de se aproximar do eleitor, o que pode ocorrer mediante a inserção de atividades com a família em um final de semana, por exemplo.

Nos 45 dias de campanha, o tom muda, pois é preciso ser mais intenso no pedido ao voto, além da possibilidade do impulsionamento. Por isso, é importante pensar em um plano de comunicação separando o que será destacado a cada momento.

(4.5)
Profissionais necessários para uma boa rede social partidária

Não existe uma lista fixa de profissionais necessários para a comunicação partidária. Tudo depende do orçamento da campanha (ou pré-campanha) e do projeto de redes sociais. A esse respeito, a seguir indicaremos algumas funções básicas que fazem parte desse contexto; entretanto, sabemos ser possível encontrar profissionais que deem conta de mais de uma tarefa.

- **Designer**: é preciso ter um projeto gráfico que combine com a mensagem que o candidato ou partido quer passar e, ao mesmo tempo, gere uma identificação visual do perfil – ou seja, um estilo ou uma paleta de cores que são característicos de determinada pessoa ou partido. Assim, o *designer* é a pessoa indicada para isso. Pode fazer *layouts* fixos, que serão trabalhados pela equipe de acordo com os temas, ou ir adaptando o projeto gráfico conforme o andamento do projeto de comunicação.
- **Videomaker**: atualmente, esse profissional é importantíssimo para a comunicação política, pois ele edita vídeos rápidos com pronunciamentos ou posicionamentos, por exemplo, e ajuda na transmissão de *lives* para diversas plataformas. Tais *lives* podem ser geradas diretamente do YouTube, por exemplo, e serem transmitidas para outras redes.
- **Fotógrafo**: se a intenção é investir em redes sociais, uma boa fotografia faz toda a diferença para se destacar. O fotógrafo acompanha os principais atos e consegue imagens de detalhes, até mesmo com o ajuste de luz e com a utilização de cenários adequados.
- **Produtor de conteúdo**: as postagens nas redes sociais precisam chamar a atenção e ter conteúdo relevante para se destacarem em meio a tantas informações propagadas nas redes. Por isso, a produção de conteúdo (legendas, *blogs*, roteiros de vídeo, entre outros materiais) precisa de um bom trabalho de redação.
- **Social media**: profissional que planeja publicações, impulsiona o conteúdo para o público certo e controla as métricas de alcance e engajamento das publicações, permitindo uma constante avaliação do conteúdo produzido.

- **Assessor de imprensa**: principalmente para diretórios e campanhas majoritárias, o trabalho de assessoria é fundamental para dar visibilidade aos assuntos importantes para o público. Além disso, é o assessor que faz a ponte entre redações, *blogs* e o partido (ou campanha), conseguindo não apenas uma boa cobertura dos atos, mas também a correção quando algo publicado distorce a informação inicial.

Para saber mais

Saiba mais sobre a proposta que tramita no Congresso Nacional a respeito de punir produtores de *fake news*:

PIOVESAN, E.; TRIBOLI, P. **Câmara aprova projeto que define crimes contra o Estado Democrático de Direito**. 4 maio 2021. Disponível em: <https://www.camara.leg.br/noticias/754710-camara-aprova-projeto-que-define-crimes-contra-o-estado-democratico-de-direito>. Acesso em: 25 jan. 2022.

Síntese

Neste capítulo, expusemos alguns conceitos de mídias sociais, explicitamos a diferença entre mídias e redes sociais e comentamos alguns estudos que mostram a importância delas. Também fornecemos informações a respeito da importância das mídias sociais para os partidos, explicamos o que são *fake news* e mencionamos de que maneira elas afetam a política.

Além disso, abordamos a construção da imagem nas mídias sociais, especificamente de figuras políticas, considerando os períodos pré-eleitoral e de campanha, e traçamos um panorama sobre as diversas funções de comunicadores para uma boa rede social partidária.

Questões para revisão

1. O filósofo Pierre Lévy (1999, p. 13) tratou sobre a quantidade de informações promovidas pelas redes digitais: "inundação de dados, as águas tumultuosas e os turbilhões de comunicação, a cacofonia e o psitacismo ensurdecedor das mídias, a guerra das imagens, as propagandas e as contra propagandas, a confusão dos espíritos".

   Diante dessa reflexão ainda no início da internet, que é mais válida do que nunca, escreva um texto dissertativo que explique como chamar a atenção do público-alvo para uma informação publicada nas redes digitais.

2. A expressão *fake news* se tornou popular com a campanha de Donald Trump para as eleições nos Estados Unidos, em 2016, como assinalam Dourado e Gomes (2019). A respeito de seu significado, leia as sentenças a seguir:
   I) São instrumentos de desinformação (ou de notícias falsas) que turvam a arena política e das eleições, pois dificultam o debate entre diferentes posições, inserindo inverdades, distorções, exageros ou, mesmo, suprimindo determinados pontos da discussão como um todo.
   II) São instrumentos de reação e defesa contra uma elite política que quer se perpetuar no poder. Por isso, são válidos e devem ser disseminados pelo bem do povo.

Diante das duas sentenças, indique a alternativa correta:

a) Ambas são verdadeiras e complementares.
b) Ambas são falsas e não justificam o combate às *fake news*.
c) A primeira é verdadeira e justifica o combate às *fake news*.
d) A segunda é verdadeira e justifica o combate às *fake news*.
e) A primeira é verdadeira, mas não justifica o combate às *fake news*.

3. Entre as opções a seguir, marque a que apresenta nomes apenas de aplicativos de redes sociais:
   a) YouTube, TikTok e Instagram.
   b) Jornal, Facebook e LinkedIn.
   c) Instagram, rádio e Clubhouse.
   d) Facebook, TikTok e *site*.
   e) YouTube, LinkedIn e *smartphone*.

4. Uma tática utilizada pelas legendas é retirar da sigla a palavra *partido*. Democratas, Cidadania e Podemos são algumas siglas que utilizaram essa estratégia de mudança de imagem. A esse respeito, marque a seguir a alternativa que apresenta a justificativa correta para essa estratégia:
   a) Dirigentes se cansaram dos nomes dos partidos e resolveram modificá-los.
   b) Foi uma tática utilizada pelas legendas, diante da crise de representação dos partidos.
   c) O TSE obrigou as legendas a trocarem de nomes após perceber irregularidades.
   d) Os partidos precisam mudar de nome, de tempos em tempos, para se adequarem ao público.
   e) Os partidos políticos utilizam essa estratégia para confundir o eleitor.

5. Leia as assertivas que seguem e indique V para as verdadeiras e F para as falsas:
   ( ) Campanhas eleitorais no Brasil ocorrem em um período curto, de 45 dias.
   ( ) Desde 2015, a minirreforma eleitoral diminuiu muito as possibilidades de campanha e, principalmente, de campanha antecipada.
   ( ) É permitido que a logomarca do nome, ou projeto gráfico, seja a mesma entre os períodos pré-eleitoral e de campanha, o que é fundamental para criar conexão com o eleitor.
   ( ) Não é considerada propaganda antecipada a menção à pretensa candidatura e a exaltação das qualidades dos pré-candidatos nas redes sociais, desde que não haja pedido explícito de voto.

   Em seguida, marque a alternativa que apresenta a sequência obtida:

   a) V, V, V, V.
   b) V, V, F, F.
   c) V, F, F, V.
   d) F, F, F, V.
   e) F, V, F, V.

6. Desde 2015, a minirreforma eleitoral ampliou as possibilidades de campanha, flexibilizando o uso da rede para a divulgação de candidaturas antes do período oficial. Explique qual é a flexibilização permitida no período de pré-candidatura.

Questão para reflexão

1. O tempo de campanha política no Brasil é cada vez mais curto. Em eleições federais, o eleitor precisa votar em cinco cargos e tem 45 dias para entrar em contato com a campanha. Ao mesmo tempo, os eventos de rua estão dando lugar para a comunicação digital. Quais são as consequências dessas mudanças para a qualidade de informação do eleitor?

Capítulo 5
Análise de opinião
pública nas redes sociais

Conteúdos do capítulo

- Utilidade dos dados das redes sociais.
- Medição da imagem.
- Diálogo com o cidadão pelas redes.
- Posicionamento diante de comentários e *haters*.
- Temas que dominam as redes.

Após o estudo deste capítulo, você será capaz de:

1. identificar as metodologias práticas para mensurar redes sociais;
2. reconhecer como manter o relacionamento com seguidores;
3. compreender como funcionam as redes sociais para melhor utilizá-las.

(5.1)
COMO UTILIZAR DADOS DAS REDES SOCIAIS

Além de investir em campanhas nas redes, os assessores de comunicação elaboram estratégias cada vez mais sofisticadas e profissionais para alcançar o público, e, para isso, o uso de dados é essencial. Citando as eleições norte-americanas, Panagopoulos (2017) explica que os comitês estão armados com dados e modelos. Diante disso, surge uma preocupação com a privacidade, já que empresas especializadas em dados de consumidores digitais trabalham com grande volume de informações detalhadas sobre os votantes.

O autor cita os grandes comitês dos Democratas e dos Republicanos, que investem recursos pesados para conseguir tais dados. Um assessor que trabalha com algum partido ou assessorado, mas não tem experiência nesse cenário, precisa se preocupar com isso. Logo, a cada contato com seu público-alvo, independentemente de ser por aplicativo de mensagens, pessoalmente ou por redes sociais, deve fazer perguntas básicas e importantes para formar o banco. Nome completo, idade, bairro e preocupações políticas, além do contato para mensagens e perfil de redes sociais, são algumas informações que podem ser coletadas. Vale assinalar que a obtenção de tais informações deve ocorrer de maneira natural e não agressiva, mediante um formulário que apresente poucas perguntas ou, mesmo, anotando os dados.

Uma preocupação essencial na coleta desses dados é ter o aceite da pessoa para utilizá-los, o que é previsto claramente na Lei Geral de Proteção aos Dados (LGPD) (Brasil, 2019). A lei protege a privacidade de todos os cidadãos e obriga, entre outras coisas, o consentimento, ou seja, a livre manifestação, por meio da informação, pela pessoa, de que concorda com o tratamento de seus dados pessoais para determinada finalidade. Esse item pode ser inserido nas perguntas dos formulários, e o indivíduo pode pedir que seus dados sejam retirados do banco a qualquer momento, o que deve ser obedecido pela Lei.

Após a elaboração desse banco de dados, faz-se necessário manter o relacionamento com as pessoas, produzindo conteúdo relevante e de interesse. Essa premissa vale para qualquer produto de marketing digital. Em se tratando de partidos ou campanhas, o marketing digital geralmente é usado para aproximar o cidadão comum da discussão partidária e das propostas, não apenas em busca de seguidores, mas também de simpatizantes das causas apresentadas.

> **Para saber mais**
>
> O vazamento de dados privados de usuários de redes sociais ou mesmo o abuso por parte dos aplicativos na busca por esses dados são temas de dois documentários, os quais também mostram como essas informações são utilizadas.
>
> O documentário *Privacidade hackeada* fala do escândalo envolvendo o Facebook em razão de vazamentos para a empresa Cambridge Analytica, em um episódio no qual foram coletadas informações de 87 milhões de usuários sem consentimento. Para quem trabalha com partidos e eleições, também é fundamental entender como a opinião pública pode ser manipulada com o uso desses dados, inclusive para influenciar o resultado de eleições e plebiscitos. Não deixe de ver!
>
> PRIVACIDADE hackeada. Direção: Karim Amer e Jehane Noujaim. EUA: Netflix, 2019. 113 min.

> Outro documentário que trata desse tema é *O dilema das redes*, que evidencia de que forma as empresas de tecnologias e redes sociais transformam todas as pessoas em produtos, mediante a coleta de dados, e como funciona esse valioso modelo de negócios, tão bem aproveitado por empresas como Google e Facebook. Depoimentos de ex-funcionários e até de fundadores de grandes redes sociais – muitos deles declarando estarem arrependidos – mostram o mecanismo dessa coleta de dados e a transformação desse processo em comércio.
>
> O DILEMA das redes. Direção: Jeff Orlowski. EUA: Netflix, 2020. 89 min.

(5.2)
Como mensurar imagem

O planejamento para as postagens nas redes sociais pode, e deve, ser flexível, considerando o retorno de cada mensagem. Após postar cada vídeo, texto, imagem ou áudio, é importante acompanhar a percepção do público. A principal forma é perceber se houve engajamento: comentários, *likes* e compartilhamentos. Se houve comentários, qual é o conteúdo deles? Essa análise merece ser feita de forma mais científica, sem colocar em jogo as emoções e o envolvimento com o cliente.

Montar uma tabela com os comentários e identificar se são positivos, negativos ou neutros é uma boa forma de quantificar o retorno dos seguidores. Para isso, vale identificar emojis – se são positivos ou negativos –, o texto dos comentários, elogios ou críticas ou se há apenas uma mensagem curta e neutra. As métricas de engajamento podem ser seguidas nas abas de *insight* das redes sociais de *fanpages* ou de páginas que têm conta para impulsionamento. Por essa aba, é possível mensurar se a visualização está aumentando ou diminuindo, quais conteúdos engajam mais, se houve aumento ou diminuição de seguidores. É importante anotar esses dados em uma planilha própria, a fim de se ter noção do resultado do trabalho ao longo do tempo.

A seguir, acompanhe quais são os dados que ajudam a mensurar o trabalho de redes sociais.

- **Instagram**
  - Contas alcançadas: quantidade de outros usuários que se atingiu em uma semana. Nesse item, é possível observar quantos deles ainda não são seguidores.
  - Interação com o conteúdo: pode-se ver quantas curtidas, comentários e compartilhamentos foram realizados em seu conteúdo no geral.
  - *Likes*: em cada postagem, é possível acompanhar quantas pessoas curtiram aquele conteúdo específico. Basta clicar em "curtido por".

- **Facebook**
  Ao clicar na aba "Insights", abre-se um quadro geral de visualizações, curtidas, alcance, engajamento e seguidores. É possível clicar em cada um desses itens para obter mais detalhes.

- **Twitter**
  No ícone estatístico (gráfico) dos *tweets*, aparecem as impressões e os engajamentos. Além disso, é importante observar o número de seguidores e sempre checar as menções ao perfil, além dos *retweets*.

- **YouTube**
  Caso se esteja investindo em um canal de Youtube, é importante verificar o tempo de exibição dos vídeos, quantas pessoas visualizaram, qual é a duração média dessa visualização e quantos se inscreveram no canal. Outras métricas mais específicas podem ser acompanhadas no YouTube Analytics.

(5.3)
SAC PARA REDES PARTIDÁRIAS

O Serviço de Atendimento ao Consumidor (SAC) não serve apenas para atendimento pós-compras. Todas as organizações que investem em redes sociais precisam se planejar para responder a seus seguidores, e esse contato ficou conhecido como SAC para qualquer tipo de serviço.

A mesma lógica vale para redes partidárias. Sob essa perspectiva, o assessor tem de responder a quem deixou comentários nas postagens, sendo estes positivos ou negativos, bem como de contra-argumentar críticas com educação e com base em informações. Cada comentário merece uma resposta única, e não uma mera repetição de respostas automáticas – as quais são fáceis de reconhecer. A conversa via redes sociais aproxima os seguidores do perfil e pode gerar bons resultados de engajamento, além de permitir conhecer melhor o público, suas preocupações e interesses.

O SAC das redes sociais de perfis políticos é pensado como o consumo de ideias, projetos e posicionamentos. Por isso, é esperado da pessoa que comentou que continue a conversa, o debate proposto. Em alguns casos, quando o número de comentários aumenta, é interessante indicar uma pessoa para responder. Ela deve se basear em um manual de SAC, no qual constam as bases das respostas para os comentários mais comuns.

O manual pode ser complementado conforme aparecem casos específicos, e é importante que seja supervisionado pelo responsável pela comunicação. As respostas aos comentários de forma nenhuma podem ser aleatórias ou, ainda, reflexo de provocações. Por isso, o manual é essencial nesse diálogo, pois permite pensar como responder a cada conjunto de dúvidas ou debates de determinados tipos de temas. São respostas-padrão que podem ser levemente modificadas, sem mudar a mensagem geral.

Exemplificando: caso o partido tenha se posicionado a favor de uma lei na Assembleia Legislativa de um Estado e alguns seguidores o criticaram nas redes, o manual do SAC deve informar a justificativa, isto é, que a direção do partido se reuniu e decidiu por votar dessa forma por determinados motivos. A resposta-padrão deve ser mantida no manual porque pode ser usada em outros momentos, quando o assunto for retomado em uma segunda votação, por exemplo.

Outros elementos básicos também devem compor o SAC, a fim de responder a perguntas como: Quero me filiar, como faço? Por que o partido está aliado ao partido do governador? Existe um diretório municipal do partido na cidade em que resido? Como faço para entrar em contato?

(5.4) Comentários e *haters*: o que fazer

Em perfis de políticos com mandatos ou de dirigentes partidários, é muito comum a ação de *haters*: pessoas ou robôs que inserem conteúdos de ódio, sem argumentos racionais. Essa prática corresponde a uma repetição de discurso que exprime a ideia de raiva, desrespeito ou intolerância (Santos, 2016), sob a prerrogativa não apenas de atacar, mas de atrair outros *haters* para a discussão.

Nesse caso, é interessante procurar o perfil de quem comentou e perceber se se trata de uma pessoa de verdade ou de um robô que reage sempre após a publicação de certas palavras. *Bots*, como são chamados tais robôs, normalmente escrevem textos repetitivos após identificar uma palavra (comando) ligada à função de combater com expressões agressivas. Assim, a decisão de apagar ou não esse conteúdo fica a cargo da equipe de comunicação. Não obstante, vale a pena inserir respostas respeitosas e com bons argumentos, até mesmo para demarcar essa reação diante de outros seguidores.

Também é importante identificar quando os ataques passam de uma situação comum a ações criminosas, passíveis de ações judiciais. Receber ataques de ódio por raça, religião ou homofobia é crime, mesmo que seja de maneira anônima (Amorim, 2019). Em situação desse tipo, é importante salvar *prints* de tais ataques, arquivar o maior número de evidências possíveis e procurar orientação jurídica.

(5.5)
DO QUE ESTÃO FALANDO E COMO

Para monitorar as redes e a opinião pública, é importante saber quais são os temas do momento. Nesse sentido, as *hashtags* (#) são de grande auxílio nessa tarefa. Referem-se a um símbolo (no Brasil, também conhecido como *jogo da velha*) que marca o tema e que é capaz de mostrar um assunto que está sendo discutido em diferentes grupos (Ramos, 2019). Por meio das *hashtags*, também é possível fazer buscas por temas de interesse.

Geralmente, quando uma postagem é realizada, a legenda termina com uma série de *hashtags* relacionados ao conteúdo da legenda.

Assim, há uma *hashtag* principal e outras próximas. Em um momento próximo das eleições, por exemplo, a postagem poderia terminar com *#eleições, #votação, #votaBrasil, #nomedocandidato*. As *hashtags* funcionam melhor para Instagram e Twitter, mas por essas redes já é possível saber qual é o assunto do momento. No Instagram, pode-se encontrar determinada *hashtag* pelo ícone da lupa e conferir quantos *posts* existem sobre ela. No entanto, há vários *sites* e aplicativos que mostram quais são as *hashtags* do momento. Basta procurar por *trending topics*.

De acordo com Ramos (2019), uma *hashtag* entra nos *trending topics* do Twitter por meio de um algoritmo que segue, basicamente, três critérios: ser popularizada por uma quantidade expressiva de diferentes usuários em pouco tempo; não ter sido popularizada no passado, a não ser que volte com muita relevância; e não conter palavras de incitação ao ódio. No caso da política, Ramos (2019) observa que existem guerras de tópicos de grupos antagônicos – ou seja, guerras de *hashtags*.

A busca das *hashtags* mais citadas é interessante também para montar uma biblioteca de *hashtags* para usar em postagens. Se, por exemplo, pretende-se saber de mulheres na política, clicando sobre a lupa do Instagram ou mesmo buscando essa informação em outros *sites*, pode-se identificar a forma mais usada para essa referência: se é *#mulhernapolitica* ou *#mulhernopoder* ou, no plural, *#mulheresnopoder*. Também é possível usar as *hashtags* com formas parecidas, assim, quem busca pelo tema pode chegar a certa postagem.

Outro monitoramento importante é saber o que está sendo dito a respeito do assessorado em *sites* ou *blogs*. Nesse sentido, o Google Alerts é uma boa forma de monitorar a entrada na mídia, já que o programa avisa quando o nome (palavra, sigla etc.) é citado. Para isso, basta acessar o *site* da ferramenta[1] e selecionar os alertas.

Há empresas e aplicativos que fazem varredura de todos os assuntos de interesse do cliente, além do *clipping*, ou seja, de tudo que saiu na imprensa. Contudo, tais recursos são pagos e, por isso, valem a pena quando a organização ou pessoa é muito mencionada, o que dificulta fazer um monitoramento não automatizado.

Síntese

Neste capítulo, esclarecemos como utilizar dados das redes sociais para conferir a opinião pública a respeito de um tema publicado. Por meio de tais dados, torna-se possível elaborar um banco de informação do público-alvo e construir conteúdos de interesse. Também se valendo das métricas das redes sociais, podemos perceber como o conteúdo está sendo recebido e se é preciso modificar a estratégia de comunicação.

Ainda, apresentamos algumas informações a respeito da importância de manter um diálogo com os seguidores das redes sociais, montar um banco de respostas a ser seguido e identificar os *haters*, pessoas que, com um discurso de ódio, muitas vezes geram polêmicas e discussões dispensáveis.

---

1   GOOGLE ALERTS. Disponível em: <https://www.google.com/alerts>. Acesso em: 7 dez. 2021.

Questões para revisão

1. Os dados são cada vez mais importantes para montar estratégias de comunicação política. A esse respeito, leia as assertivas que seguem e marque V para as verdadeiras e F para as falsas:

   ( ) A cada contato com o público-alvo, seja por aplicativo de mensagens, seja pessoalmente ou por redes sociais, deve-se fazer perguntas básicas e importantes para formar o banco de dados.

   ( ) Quem procura o partido tem o dever de responder ao menos a algumas perguntas, como nome, endereço e contato telefônico/aplicativo de mensagens.

   ( ) O partido, ou candidato, pode enviar mensagens a todos os contatos possíveis que ele ou a organização conseguirem listar. Não há nada que impeça a livre comunicação.

   ( ) Aquele que respondeu ao formulário pode pedir para ser retirado ou para não receber mensagens, o que é previsto em legislação federal.

   A seguir, indique a alternativa que apresenta a sequência correta de preenchimento:

   a) V, V, F, F.
   b) V, F, V, V.
   c) F, F, F, V.
   d) V, F, F, V.
   e) V, V, V, F.

2. Relacione as duas colunas a seguir, considerando os nomes das ferramentas de aplicativos e a explicação sobre elas:
   I) Contas alcançadas
   II) Insights
   III) Engajamento
   IV) Analytics
   ( ) Aba dos aplicativos na qual é possível identificar o registro de métricas de determinado período.
   ( ) Ferramenta ligada a um aplicativo que permite checar detalhes do perfil dos seguidores e suas ações na página durante um período de tempo.
   ( ) Quando os seguidores reagem de alguma forma, seja comentando, curtindo ou compartilhando o conteúdo publicado.
   ( ) Quantidade de usuários atingidos em uma semana. É possível, inclusive, verificar quantos deles não são seguidores da conta.

   Assinale a alternativa que apresenta a sequência correta de preenchimento:

   a) I, II, III, IV.
   b) II, IV, III, I.
   c) III, II, IV, I.
   d) IV, I, III, II.
   e) II, III, IV, I.

3. O Serviço de Atendimento ao Consumidor (SAC) não serve apenas para atendimentos pós-compras. Todas as organizações que investem em redes sociais precisam se planejar para responder a seus seguidores. Explique, de forma discursiva, como deve ser feita essa interação com os seguidores.

4. Em perfis de políticos com mandatos ou de dirigentes partidários, é muito comum a presença de *haters*. A respeito desse tipo particular de interatividade nas redes, leia as assertivas que seguem:
   I) A prática de *haters* é uma repetição de discurso que exprime a ideia de ódio, desrespeito ou intolerância (Santos, 2016), com o intuito não apenas de atacar, mas também de atrair outros *haters* para a discussão.
   II) Em todos os casos, é indicado não responder às mensagens e, se possível, apagar imediatamente o conteúdo, sem discutir as afirmações e provocações feitas.

   Sobre essas assertivas, assinale a alternativa correta:

   a) As duas são verdadeiras, e a segunda é consequência da primeira.
   b) As duas são falsas e devem ser ignoradas.
   c) A primeira é verdadeira, e a segunda é falsa.
   d) A primeira é falsa, e a segunda é verdadeira.
   e) A primeira é falsa, pois a disseminação do ódio é uma forma de livre expressão e, por isso, é permitida.

5. As *hashtags* são instrumentos importantes nas redes sociais. Nessa perspectiva, discorra sobre como essa ferramenta auxilia tanto os produtores quanto os seguidores do perfil.

Questão para reflexão

1. O filósofo Umberto Eco disse, em uma conferência, que "As redes sociais deram voz a uma legião de imbecis" (Uol Notícias, 2015). Você concorda com Eco? Por quê?

Capítulo 6
Planejamento estratégico
de comunicação
partidária

Conteúdos do capítulo

- Planejamento estratégico de comunicação.
- Comunicações partidárias para diferentes partidos e momentos.
- Papel do assessor pessoal de comunicação partidária.
- Gestão de redes sociais.
- Quando e como avaliar o planejamento.

Após o estudo deste capítulo, você será capaz de:

1. reconhecer o que é uma metodologia de construção de planejamento estratégico;
2. descrever a estrutura necessária para implementar o planejamento;
3. indicar a importância do assessor pessoal de um dirigente partidário;
4. avaliar a implementação do planejamento estratégico.

(6.1)
O QUE É UM PLANEJAMENTO ESTRATÉGICO DE COMUNICAÇÃO

Neste capítulo, condensaremos a teoria apresentada nos capítulos anteriores, visto que já abordamos o conteúdo necessário para planejar o trabalho de comunicação em uma organização partidária.

No final do Capítulo 1, explicamos a teoria geral sobre plano de comunicação, que é o resultado do trabalho de planejamento. Afinal, o plano é a síntese de inúmeras conversas, diagnósticos e definições de objetivos e metas, em conjunto com a equipe de comunicação e todas as demais áreas estratégicas da organização.

Conforme o conceito de comunicação integrada, ou 360°, é importante ter uma equipe de comunicação multidisciplinar para programar todas as ações, seja de assessoria de imprensa, seja de comunicação interna ou externa, marketing de produto e de marca, tudo sob um mesmo guarda-chuva (Pires, 2017). Tais ações se iniciam com um diagnóstico de comunicação da empresa, mediante respostas aos seguintes questionamentos: De que forma ela se comunica com o público interno? (No caso dos partidos, pode ser a equipe administrativa, os dirigentes e filiados). Como ela se comunica com todos os grupos de interesse? (Sejam simpatizantes, organizações sociais, instituições públicas e privadas, parlamentares e demais representantes da área de interesse do partido).

Para fazer tal diagnóstico, é importante perceber todas as formas de comunicação. A esse respeito, na sequência, apresentamos uma lista de importantes observações, com base em Cardoso (2006), Kunsch (2003) e Rego (1986):

- **Como é a comunicação interna da organização partidária**
  Trata-se de uma comunicação vertical – de cima para baixo – ou permite uma comunicação horizontal, na qual indivíduos de diferentes níveis de decisão se comunicam com facilidade? Há muita informação e de todos os lados a ponto de atrapalhar a comunicação interna ou existe um padrão mais formal e pontual?

- **Análise de ambiente**
  É importante perceber se há barreiras na comunicação – preconceitos, estereótipos, atitudes, crenças, valores e culturas –, bem como se as comunicações são incompletas e parciais a ponto de serem distorcidas ou sujeitas a dúvidas e desconfianças. Também é recomendável investigar se há um sistema formal de comunicação – pode ser mediante veículos impressos, visuais, por áudio e/ou eletrônicos, contendo ordens, comunicados, portarias, medidas, recomendações, discursos, pronunciamentos etc.

- **Análise da comunicação externa**
  Quais meios o partido utiliza para se comunicar com os mais diversos grupos? (Redes sociais, *newsletters*, aplicativos de conversas, panfletos, folhetos, entrevistas para a mídia, entre outros).

Após realizar essa análise, é possível detalhar os pontos fortes e fracos da comunicação e pensar em ações que podem ajudar a melhorá-la e ampliá-la. Nessa ótica, o planejamento de comunicação deve considerar os fluxos interno e externo do que se pretende passar aos demais e, também, os objetivos e as metas da empresa. Além disso, ele resulta do diálogo com todas as áreas estratégicas, como explica Cardoso (2006, p. 1132): "A comunicação organizacional necessita ser entendida, de maneira integral, como elemento que atravessa todas as ações de uma empresa ou organização e que configura, de forma permanente, a construção de sua cultura e identidade".

Essa relação direta com as demais áreas do partido tem potencial de definir o público que se pretende atingir com a comunicação (interno e externo), os desafios a serem superados, bem como os objetivos e as metas dessa comunicação (no Capítulo 1, apresentamos definições para tais conceitos). Depois desses apontamentos, é hora de definir o planejamento.

Atualmente, há diversas ferramentas que ajudam a organizar as tarefas, desde as simples tabelas do Excel até aplicativos como o Trello, nos quais a equipe pode enumerar as tarefas, informar o responsável, fazer encaminhamentos, expor a fase de produção, além de estabelecer prazos para a implementação ou publicação. Os itens desses quadros devem ser definidos conforme o planejamento a ser desenhado, ou seja, há um quadro para cada estratégia.

Na sequência, observe alguns itens que podem estar no quadro para orientar o processo:

- **Ação de comunicação**: o material a ser produzido ou a ação a ser tomada;
- **Responsável**: o responsável por cada fase (uma ou várias pessoas);
- **Meios**: os meios de divulgação – digital ou impresso;
- **Recursos**: custo total de cada operação pode estar previsto no plano – seja financeiro, humano, material ou técnico;
- **Tempo**: dimensão de prazos para a implementação; inclui atividades que devem ser cumpridas em cada momento;
- **Etapa**: fase de produção em determinado momento.

Cada ação da comunicação pode apresentar um quadro chamado de *Matriz de Responsabilidade*, que define encaminhamentos e prazos, de acordo com o exemplo a seguir (Quadro 6.1):

Quadro 6.1 – Exemplo de matriz de reponsabilidade

Lançamento da campanha Nós Podemos				
Estratégia de comunicação	Meta	Ação	Encaminhamento	Cronograma
Release	1	Publicar em três veículos	Produzir e enviar *release* por *e-mail* e contato com jornalistas por WhatsApp para explicar a campanha.	Amanda produz *release* e Vera o edita antes de enviar.	Produção e envio: 4 de março.
Vídeo nas redes sociais	2	Atingir público-alvo	Diretor grava, com auxílio da assessoria de comunicação, falando sobre a campanha.	Vera marca agenda com a direção e apresenta o *briefing* para a declaração, e Ricardo grava o depoimento.	Produção e postagem: 5 de março.
Postagem com artes nas redes	3	Reforçar a mensagem do vídeo	Equipe de conteúdo e marketing programa conteúdo de campanha para as redes sociais.	Amanda produz o conteúdo e o *briefing* para Ana produzir a arte.	Produção e postagem: de 6 a 10 de março.

Com a relevância das redes sociais, a produção de conteúdo precisa ser bem planejada, com conteúdo e quantidade de materiais definidos por estratégia de divulgação (no Capítulo 4, o tema rede social foi detalhado). Todos os materiais de comunicação, sejam *releases*, contatos com jornalistas ou materiais a serem produzidos, devem ser pensados como tarefas integradas ao restante da comunicação. Esta reforça campanhas ou posicionamentos por meio da visibilidade dada pela imprensa, assim como ajuda a consolidar a estratégia perante a opinião pública. Vale lembrar que, isoladamente, o trabalho da assessoria de imprensa dificilmente consegue atingir objetivos e metas gerais.

(6.2) DIFERENTES COMUNICAÇÕES PARTIDÁRIAS PARA DIVERSOS PARTIDOS E MOMENTOS

Partidos são organizações que se apresentam como soluções para controlar o destino e a direção da sociedade por meio de sua força social, mediante ações individuais ou de grupos e classes em busca de interesses coletivos (Zajdsznajder, 1981). Para isso, eles competem para ocupar espaços de decisão, como o Estado (governo). Essa é uma forma simplificada de se compreender o papel desse tipo de organização.

O corpo administrativo do partido, formado por funcionários, existe para dar andamento ao dia a dia da organização, seja: obtendo e organizando os recursos financeiros necessários para a continuidade das atividades; organizando grupos de filiados para a busca dos interesses do partido; promovendo ações de formação política para seus filiados; recrutando membros para suas disputas eleitorais; e disseminando informações e conhecimento para fortalecer suas ações e seus interesses (Zajdsznajder, 1981). É neste último aspecto que se encontra o papel da equipe de comunicação.

Como essa atividade será realizada depende muito do perfil do partido e de seus dirigentes. No Capítulo 2, citamos que os partidos têm características diferentes, o que os leva a um modelo de partidos de massa ou de quadros, por exemplo (Duverger, 1970).

Partidos são estruturas complexas que sofrem transformações de acordo com certas conjunturas políticas. Nessa ótica, cabe ao assessor de imprensa ou de comunicação compreender esse processo: quem são as lideranças nacionais e locais, quais cargos eletivos seus membros já ocuparam e ocupam, qual é a dinâmica da direção da legenda e de que maneira ocorre o processo de escolha dessa direção ou, ainda, a participação dos filiados. Com base nessas informações, em conjunto com os dirigentes, o assessor pode definir o papel da comunicação na estratégia partidária.

O modelo do partido e o perfil de seus dirigentes também podem estabelecer o grau de engajamento que a organização espera de sua equipe de funcionários: se totalmente engajados com as causas ou se prefere um perfil mais técnico. Geralmente, partidos com cunho mais ideológico pedem perfil de funcionário mais conectado com as pautas de mobilização. Independentemente disso, o assessor certamente será solicitado a "vestir a camisa" em todos os sentidos.

Dessa forma, a estratégia da comunicação partidária dependerá muito do perfil dos partidos e de suas prioridades de ação. Uma legenda que priorize a formação partidária, por exemplo, trará demanda de materiais, como cartilhas, artigos e outros textos voltados para esse fim.

Certamente, o papel da comunicação também muda conforme a distância em relação à data da eleição. Partidos que priorizam campanhas eleitorais farão um esforço maior em comunicação externa, o que precisará ser reforçado com a aproximação do período de campanha.

Por esses motivos, antes de iniciar o planejamento de comunicação, o assessor tem de prever as fases pelas quais o partido passará e se é necessário pensar em etapas de planejamento: uma mais para a comunicação com filiados e simpatizantes, outra voltada ao meio externo, com ações de mídia e ampliação do público etc.

(6.3)
Importância do assessor pessoal de comunicação partidária

Os profissionais da comunicação são peças importantes para manter os nomes do partido nas mídias durante o período que antecede as campanhas. Isso porque, como, no Brasil, a campanha deve se desenrolar em 45 dias, se destacar perante o eleitor é uma tarefa muito difícil – especialmente se antes o candidato não era conhecido do público.

O trabalho de assessoria de comunicação tem de lidar com tudo o que se passa nas mais diversas mídias – tradicionais e sociais – e saber filtrar as informações relevantes para o partido.

Na divulgação, o assessor tem o papel de criar condições para que as atividades dos políticos mereçam a atenção da mídia (Canavilhas, 2009). Assim, esse profissional marca entrevistas sobre temas relevantes, mostra as ações do político diante de fatos que são notícias naquele dia, bem como seu posicionamento.

Contudo, o acompanhamento diário não se dá apenas com relação às ações do político, mas também à agenda da imprensa. A depender da atividade do assessorado – se tem um mandato parlamentar, por exemplo –, os diversos compromissos dificilmente fornecerão tempo para acompanhar tudo o que se passa na imprensa. Por isso, cabe ao assessor de comunicação acompanhar tudo o que está sendo noticiado, o que está chamando mais a atenção da imprensa e do público, e repassar um resumo para o assessorado. E isso não deve ser realizado apenas para que este esteja atualizado, mas também para que esteja preparado caso surja alguma oportunidade de entrevista ou comentário na imprensa.

Quando acompanha o dia a dia do assessorado, o jornalista consegue captar o tom do discurso, as palavras mais usadas e os posicionamentos, o que facilita a confecção de artigos e *releases*, tornando-os mais fiéis ao pensamento do político.

Atualizado e conectado com o discurso da pessoa assessorada, o comunicador saberá aproveitar momentos oportunos para sugerir pautas, artigos ou notas de assuntos relevantes para a imprensa e *blogs*, além de planejar *posts* para as mais diversas redes sociais.

(6.4)
Gestão de redes sociais: como fazer

As atividades nas redes sociais devem corresponder a uma das tarefas previstas no plano de comunicação, o qual, por sua vez, precisa estar alinhado com o planejamento estratégico da organização. Como explica Costa (2017), o planejamento dará as diretrizes para a gestão das redes sociais, e toda a operação deve conter o discurso que a organização quer transmitir, com o objetivo de conquistar o engajamento do público.

Antes de partir para a publicação, é importante ter em mãos o diagnóstico da comunicação da organização, quais são seus pontos fortes e fracos e o que se pretende no contato com o público. De posse desse diagnóstico, também é relevante que toda a equipe saiba quais são as mensagens centrais ou qual público se deseja atingir com as redes sociais. Isso tudo deve estar contido no plano de comunicação, constituindo o norte da gestão das redes sociais.

Após a elaboração desse planejamento, é preciso, primeiramente, mapear as redes sociais nas quais se pretende atuar, bem como as diferenças entre os públicos a serem alcançados, além de saber qual tipo de conteúdo combina mais com qual rede social. Uma boa forma de definir os conteúdos é por meio da biblioteca de *tags*, ou *hashtags*, que serão utilizadas sempre e que carregam os temas centrais da organização. Pode haver, inclusive, vários conjuntos de *hashtags*, de acordo com o tema a ser trabalhado.

Por exemplo: o partido quer atrair um maior número de jovens para a legenda. A biblioteca de *hashtags* pode conter algumas *tags*, como *#jovemnapolítica*, *#forçajovem*, *#juventudenapolítica*, *#partidojovem*, entre outras que conduzam ao tema.

Os temas, ou a pauta do dia, referem-se ao ponto de partida para o cronograma de publicação. A pauta pode dizer respeito a algum fato do dia, a um evento do partido ou a postagens de temas a serem trabalhados pela legenda.

Com tudo em mãos, pode-se estabelecer quantas postagens serão realizadas no dia: se entrarão em mais de uma rede social ou se serão feitas postagens diferentes pensando nos mais diversos públicos. Em qualquer tipo de organização, a pauta pode mudar de uma hora para a outra, e na política isso ocorre com muita frequência, uma vez que os assuntos que surgem no dia a dia demandam um posicionamento ou, mesmo, uma menção ao fato. Por isso, é importante ter em mente que o mapa de publicação é uma referência, e não um planejamento engessado.

A esse respeito, Costa (2017) argumenta a relevância de montar um grande mapa anual de publicações, o qual deverá ser mais bem detalhado a cada trimestre. Mas o tempo de antecedência das publicações depende também da rotina do partido e da equipe de comunicação. Se a dinâmica dos temas é intensa, um mapa mensal ou quinzenal pode funcionar melhor.

Não existe um número de postagens por dia, o que também é definido pela pauta. É possível haver um dia em que determinado assunto mereça uma produção maior para as redes. Da mesma forma, podem ocorrer dias com menos temas, para os quais é interessante contar com um material já pronto de "gaveta", com os assuntos estratégicos.

O melhor horário da postagem depende do seu público: Em quais momentos do dia ele visualiza ou comenta mais? E como saber isso? Testando. Nessa ótica, é possível iniciar publicando algo em determinado horário da manhã e, depois, outro conteúdo pela tarde, e no dia seguinte mudar, monitorando as visualizações de acordo com os dados que a plataforma fornece. Essa lógica não se aplica às postagens impulsionadas, que serão visualizadas em diversos horários (não definidos) para o público escolhido.

É a pauta que define o tipo de publicação (vídeo em *stories* ou *reels*, comentário no Twitter ou, ainda, uma *live*). As plataformas estão priorizando vídeos por compreenderem que o público pede mais por esse tipo de conteúdo. Em virtude disso, os vídeos são mais visualizados do que os demais formatos. Nessa ótica, por exemplo, como já citado, o Instagram anunciou, em julho de 2021, que se tornará cada vez mais uma plataforma de vídeos de entretenimento (Ramos, 2021), e isso se deve principalmente ao crescimento do TikTok. O YouTube anunciou uma nova plataforma que permite a publicação de vídeos curtos, no mesmo formato do TikTok. E este começou a permitir vídeos de até três minutos. Podemos, assim, compreender que as redes são dinâmicas, e o surgimento de novas ferramentas ajuda a modificar a lógica dos algoritmos e o que será entregue para o público.

Nessa direção, é fundamental estar sempre atualizado sobre as mudanças da própria plataforma para planejar suas publicações. Não que seja obrigatório seguir a tendência – muitas vezes, a mensagem que se quer passar não combina com o formato vídeo, por exemplo.

Sempre que for interessante, o assessor deve chamar seu público para uma ação – *call to action* (CTA), como essa prática é chamada no marketing digital –, a exemplo de:

- Entre no nosso *site* e confira mais sobre o tema.
- Quer se filiar? Saiba como no *link* da bio.
- Concorda com nossa posição? Deixe seu comentário aqui para nós.

Isso ajuda a aumentar o engajamento, além de aproximar de fato o seguidor da organização.

Se a quantidade de publicações é grande, ou se o número de pessoas para cumprir todas as tarefas da comunicação é pequeno, há a alternativa de um gestor – geralmente, um serviço pago – para programar as postagens ao longo dos dias. Tal ferramenta também auxilia a visualizar os temas e horários em que as outras postagens foram feitas, o que é interessante para ter controle do conteúdo. Nessa perspectiva, Facebook e Instagram contam com uma ferramenta – até o momento, gratuita –, o Estúdio de Criação, para publicações no *feed* e nos *stories*.

(6.5)
Avaliação do trabalho: quando e como fazer

Definir a pauta, produzir o conteúdo e as artes e publicar! Tudo certo? Ainda não. Muitas vezes é aí que começa o trabalho mais complicado nas redes sociais. Monitorar o resultado da publicação é tão importante quanto produzi-la. Primeiro, para saber se teve efeito positivo ou negativo. Segundo, porque é preciso dialogar com o público, conferir se há comentários e respondê-los, tirar dúvidas, chamar o seguidor para algum evento caso ele tenha se interessado por um tema específico, entre outras ações.

As métricas das redes sociais correspondem à melhor forma de conferir se uma publicação teve ou não um bom alcance. Mas, além delas, é preciso conferir o tom dos comentários, pois algumas críticas podem levar à atração de *haters*, como citado no Capítulo 5.

É preciso lembrar que todas as respostas aos seguidores devem ser definidas em conjunto pela equipe de comunicação e os dirigentes da organização, pois quem responde não é o agente de comunicação, e sim a organização. Por isso, reforçamos a importância de se ter um manual de padrão de respostas.

Esse trabalho diário ajuda a estabelecer se alguma mudança deve ser promovida na estratégia de comunicação. Isso abrange tanto as estratégias pequenas (como os melhores dias e horários para publicação) quanto as grandes (mudança de tom nas legendas, melhoria das artes ou priorização de alguma rede social em detrimento de outra).

Nesse sentido, a comunicação é um instrumento muito dinâmico, ainda mais em se tratando de política, pois o inesperado sempre acontece: seja uma declaração que viralizou ou um vídeo de denúncia revelado por algum veículo de imprensa. Dessa forma, o papel da assessoria de comunicação é ser o radar ligado a todos os acontecimentos que podem influenciar a empresa e, junto dos dirigentes do partido, definir a melhor forma de se comunicar a respeito.

Para saber mais

Sobre as mudanças no Instagram como reação ao TikTok, leia a matéria indicada:

INSTAGRAM vai virar o TikTok? Veja 4 mudanças que chegarão em breve no app. **Uol**, 2 ago. 2021. Disponível em: <https://www.uol.com.br/tilt/noticias/redacao/2021/07/02/instagram-sera-o-novo-tiktok-veja-mudancas-no-aplicativo.htm>. Acesso em: 26 jan. 2022.

Síntese

Neste capítulo, discutimos o que é um planejamento de comunicação e o que é preciso para elaborá-lo. Também apontamos que diferentes perfis de partidos contam com diversas formas de comunicação, as quais também mudam com o momento. Ainda, explicamos por que o trabalho de um assessor de comunicação é tão valoroso na comunicação de um político, tenha ele mandato ou não. Por fim, fornecemos dicas para pensar a gestão de redes sociais e colocá-la em prática. Reforçamos a necessidade de avaliar o trabalho e, quando necessário, modificá-lo a fim de obter os melhores resultados.

Questões para revisão

1. Um plano de comunicação é resultado de etapas anteriores de planejamento. A esse respeito, associe corretamente as colunas a seguir, considerando as etapas de diagnóstico e a explicação sobre elas:
   I) Comunicação horizontal
   II) Análise de comunicação interna
   III) Análise de comunicação externa
   IV) Análise de ambiente
   ( ) Se há barreiras na comunicação, incluindo as psicológicas (preconceitos, estereótipos, atitudes, crenças, valores e cultura).
   ( ) Se há um sistema formal de comunicação, mediante veículos impressos, visuais, por áudio ou eletrônicos.

( ) Quando indivíduos de diferentes níveis de decisão se comunicam com facilidade.

( ) Se há formas usadas pelo partido para se comunicar com os mais diversos grupos.

A seguir, indique a alternativa que apresenta a sequência correta de associação:

a) III, I, II, IV.
b) I, IV, III, II.
c) II, III, IV, I.
d) IV, II, I, III.
e) II, IV, I, III.

2. Explique, de forma discursiva, por que os materiais de comunicação (*releases*, contatos com jornalistas etc.) não podem ser pensados como uma tarefa separada do restante da comunicação.

3. Discorra sobre o papel do assessor de comunicação em partidos políticos.

4. As atividades nas redes sociais devem corresponder a uma das tarefas previstas no plano de comunicação, o qual, por sua vez, precisa estar alinhado com o planejamento estratégico da organização. Dessa forma, assinale a alternativa que apresenta tarefas da gestão de redes sociais:

a) Mapa de publicações, banco de *hashtags* e *lives*.
b) *Stories, link* da bio e holerites.
c) *Call to action*, filiações e *stories*.
d) *Mailing*, banco de *hashtags* e mapa de publicações.
e) *Reels*, CNPJ e *lives*.

5. Sobre as métricas das redes sociais, discorra sobre a importância de se mensurar resultados para o trabalho de comunicação:

I) As métricas das redes sociais correspondem à melhor forma de conferir se uma publicação teve ou não um bom alcance. No entanto, além delas, é preciso conferir o tom dos comentários.

II) Independentemente do resultado das métricas, é importante não sair do planejamento feito inicialmente. Dias, horários de publicação e temas a serem publicados precisam ser definidos previamente e devem ser seguidos corretamente.

Sobre essas assertivas, assinale a alternativa correta:

a) As duas são verdadeiras, e a segunda é consequência da primeira.
b) As duas são falsas e devem ser ignoradas.
c) A primeira é verdadeira, e a segunda é falsa.
d) A primeira é falsa, e a segunda é verdadeira.
e) As duas são verdadeiras, mas a segunda não é consequência da primeira.

Questão para reflexão

1. Em um mundo tão interconectado, é possível pensar em um plano de comunicação sem as redes sociais? Quais tipos de comunicação tradicional ainda são relevantes para a comunicação partidária?

Considerações finais

Após a explicação dos conteúdos relacionados ao trabalho da assessoria de comunicação para partidos políticos, percebemos que se trata de uma atividade complexa e, ao mesmo tempo, delicada. Isso porque ela vai muito além de saber o que comunicar e qual a melhor forma para isso, além de considerar o momento, os mais diversos tipos de formato, assim como avaliar constantemente o trabalho.

As redes sociais ajudaram a ampliar o escopo da comunicação e, atualmente, são capazes de alcançar um público não atingido antes pelas mídias sociais. Mas, ao mesmo tempo, a quantidade de informação recebida hoje pelas pessoas é tanta que, mais do que saber comunicar, é preciso pensar em uma estratégia específica para atingir o público-alvo.

Nessa ótica, o marketing digital político se utiliza de muitos aspectos do marketing digital tradicional, embora apresente diferenças e sensibilidades próprias. Por isso, para trabalhar com comunicação política, é necessário contar com muito mais elementos além de um manual de marketing.

A dinâmica das campanhas eleitorais também mudou. Hoje, é necessário promover uma construção cuidadosa e com antecedência da imagem de um pré-candidato. Tentar se lançar ao público no tempo de campanha eleitoral pode ser tarde demais. Ademais, a legislação tem se adaptado a esses novos formatos e está mais flexível, ao permitir a comunicação anterior ao período de campanha eleitoral, considerando certos limites.

Ainda, para aumentar a complexidade, os aplicativos de redes sociais estão em constantes mudanças, seja para apresentar novidades ou para reagir diante dos concorrentes. Sob essa perspectiva, cabe ao assessor de comunicação estar atento a tudo isto: mudança nas comunicações e na legislação, novas formas de comunicar e, acima de tudo, estar pronto para mudar o planejamento, sempre. Se o mundo da comunicação é dinâmico, o da política é ainda mais pulsante e instável.

Lista de siglas

Acerp – Associação de Comunicação Roquette-Pinto

Aerp – Assessoria Especial de Relações Públicas da Presidência da República

Arena – Aliança Renovadora Nacional

CTA – *call to action* (chamar para a ação)

DIP – Departamento Oficial de Propaganda e Imprensa Nacional

DNP – Departamento Nacional de Propaganda

DPPC – Departamento de Propaganda e Difusão Cultural

EBC – Empresa Brasil de Comunicação

Fenaj – Federação Nacional dos Jornalistas

MDB – Movimento Democrático Brasileiro

MEI – Microempreendedor Individual

NBR – TV Nacional do Brasil

ONG – Organização não governamental

PND – Plano Nacional de Desestatização

PT – Partido dos Trabalhadores

SAC – Serviço de Atendimento ao Consumidor

CPI – Comissão Parlamentar de Inquérito

TSE – Tribunal Superior Eleitoral

Referências

AGÊNCIA SENADO. Senado aprova aumento de punições para fraudes eletrônicas; texto vai a sanção. **Senado Notícias**, 5 maio 2021. Disponível em: <https://www12.senado.leg.br/noticias/materias/2021/05/05/senado-aprova-aumento-de-punicoes-para-fraudes-eletronicas-texto-vai-a-sancao>. Acesso em: 25 jan. 2022.

AGGIO, C. Campanhas online e Twitter: a interação entre campanhas e eleitores nas eleições presidenciais brasileiras de 2010. **Famecos**, Porto Alegre, v. 23, n. 1, p. 1-27, 2016. Disponível em: <https://revistaseletronicas.pucrs.br/ojs/index.php/revistafamecos/article/view/22088/13705>. Acesso em: 25 jan. 2022.

AMARAL, O. E. O que sabemos sobre a organização dos partidos políticos: uma avaliação de 100 anos de literatura. **Revista Debates**, v. 7, n. 2, p. 11-32, 2013. Disponível em: <https://seer.ufrgs.br/debates/article/view/38429/26636>. Acesso em: 21 jan. 2022.

AMORIM, M. **Crescimento expressivo dos crimes de ódio nas redes sociais**. 2019. Disponível em: <https://jus.com.br/artigos/74891/crescimento-expressivo-dos-crimes-de-odio-nas-redes-sociais>. Acesso em: 25 jan. 2022.

ANVISA – Agência Nacional de Vigilância Sanitária. **Análise da vacina Sputnik V**: nota de esclarecimento. 5 maio 2021. Disponível em: <https://www.gov.br/anvisa/pt-br/assuntos/noticias-anvisa/2021/analise-da-vacina-sputnik-v-nota-de-esclarecimento>. Acesso em: 26 jan. 2022.

ARAÚJO, M. M. Brand Journalism e Branded Content: diálogos (im)possíveis no jornalismo de marca. In: INTERCOM – SOCIEDADE BRASILEIRA DE ESTUDOS INTERDISCIPLINARES DA COMUNICAÇÃO, 41., 2018, Joinville. **Anais...** Joinville: Univille, 2018.

AZEVEDO JÚNIOR, A. D. C.; CALDAS, A. C. As aparências enganam: o rebranding (?) de partidos políticos. **Mídia & Consumo**, Curitiba, p. 718-730, dez. 2017. Disponível em: <http://www.enpecom.ufpr.br/anais/2017/anais_2017.pdf>. Acesso em: 25 jan. 2022.

BERNSTEIN, J. **The 10 Steps of Crisis Prevention**. Disponível em: <https://www.bernsteincrisismanagement.com/10-steps-crisis-prevention>. Acesso em: 25 jan. 2022.

BIAGIO, L. A.; BATOCCHIO, A. **Plano de negócios**: estratégia para micro e pequenas empresas. Barueri: Manole, 2005.

BONA, N. C. **Assessoria de imprensa**: ponte entre jornalistas e sociedade. Curitiba: InterSaberes, 2017.

BORBA, F. Propaganda negativa nas eleições presidenciais brasileiras. **Opinião Pública**, v. 21, n. 2, p. 268-295, 2015. Disponível em: <https://www.scielo.br/j/op/a/5KNbpbMWN L3tF5XLpS9wg7D/?format=pdf&lang=pt>. Acesso em: 25 jan. 2022.

BRANDÃO, E. Imagem corporativa: reputação ou ilusão. In: DUARTE, J. (Org.). **Assessoria de imprensa e relacionamento com a mídia**: teoria e técnica. 2. ed. São Paulo: Atlas, 2009.

BRASIL. Lei n. 11.652, de 7 de abril de 2008. **Diário Oficial da União**, Poder Executivo, Brasília, DF, 8 abr. 2008. Disponível em: <http://www.planalto.gov.br/ccivil_03/_ato2007-2010/2008/lei/l11652.htm>. Acesso em: 21 jan. 2022.

BRASIL. Lei n. 13.488, de 6 de outubro de 2017. **Diário Oficial da União**, Poder Legislativo, Brasília, DF, 6 out. 2017. Disponível em: <http://www.planalto.gov.br/ccivil_03/_Ato2015-2018/2017/Lei/L13488.htm>. Acesso em: 25 jan. 2022.

BRASIL. Lei n. 13.853, de 8 de julho de 2019. **Diário Oficial da União**, Poder Executivo, Brasília, DF, 9 jul. 2019. Disponível em: <http://www.planalto.gov.br/ccivil_03/_ato2019-2022/2019/lei/l13853.htm>. Acesso em: 25 jan. 2022.

BUCCI, E. **O Estado de Narciso**: a comunicação pública a serviço da vaidade particular. São Paulo: Companhia das Letras, 2015.

CALDINI, A. Como gerenciar a crise. **Revista Exame**, São Paulo, v. 34, n. 2, p. 116-118, jan. 2000. Disponível em: <http://www.uel.br/ceca/portalrp/wp-content/uploads/2-COMO-GERENCIAR-A-CRISE.pdf>. Acesso em: 21 jan. 2022.

CANAVILHAS, J. **A comunicação política na era da internet**. Beira: LAbcom, 2009.

CARDOSO, O. de O. Comunicação empresarial versus comunicação organizacional: novos desafios teóricos. **Revista da Administração Pública**, Rio de Janeiro, v. 40, n. 6, p. 1123-1144, nov./dez. 2006. Disponível em: <https://www.scielo.br/j/rap/a/Wzm35MwM3s5ntxL3GqPnrsF/?lang=pt&format=pdf>. Acesso em: 21 jan. 2022.

CARVALHO, C.; REIS, L. M. A. **Manual prático de assessoria de imprensa**. Rio de Janeiro: Elsevier, 2009.

CASTELLS, M. **A era da informação**: economia, sociedade e cultura. 6. ed. São Paulo: Paz e Terra, 2009. v. I: A Sociedade em Rede.

CERVI, E. Campanhas eleitorais em redes sociais: transparência ou pornografia. In: CERVI, E.; MASSUCHIN, M.; CAVASSANA, F. (Org.). **Internet e eleições no Brasil**, Curitiba: CPOP, 2016. p. 17-35.

CERVI, E. U.; MASSUCHIN, M. G. O uso do Twitter nas eleições de 2010: o microblog nas campanhas dos principais candidatos ao governo do Paraná. **Contemporanea**, v. 9, n. 2, p. 174-189, 2011. Disponível em: <https://periodicos.ufba.br/index.php/contemporaneaposcom/article/view/5083/3887>. Acesso em: 26 jan. 2022.

CERVI, E; NEVES, D. S. Estrutura de comunicação e democratização eleitoral em disputas para prefeito no Brasil em 2008 e 2016. In: ENCONTRO ABCP, XI., 2018, Curitiba. **Anais**... Curitiba: UFPR, 2018. Disponível em: <https://bibliotecadigital.tse.jus.br/xmlui/handle/bdtse/6606>. Acesso em: 25 jan. 2022.

CÉSAR, D. J. T. Políticas de regulação de conteúdos em mídias sociais: remoção de discursos antidemocráticos e o caso de Donald Trump. In: COMPOLÍTICA, 9., 2021, Belo Horizonte. **Anais...** Belo Horizonte: UFMG, 2021. Disponível em: <https://drive.google.com/file/d/1RtwLOG4NTmq_284gd7EALW6ERFpFf014/view>. Acesso em: 25 jan. 2022.

CHAIA, V.; TEIXEIRA, M. A. Democracia e escândalos políticos. **São Paulo em Perspectiva**, São Paulo, v. 15, n. 4, p. 62-85, out./dez. 2001. Disponível em: <https://www.scielo.br/j/spp/a/fHZTmSmyJxDV6hNyf33yMLS/?format=pdf&lang=pt>. Acesso em: 21 jan. 2022.

CHAPARRO, M. C. Cem anos de assessoria de imprensa. In: DUARTE, J. (Org.). **Assessoria de imprensa e relacionamento com a mídia, teoria e técnica.** 2. ed. São Paulo: Atlas S.A., 2006. p. 33-49.

CHARAUDEAU, P. O discurso propagandista: uma tipologia. In: MACHADO, I. L.; MELLO, R. (Org.). **Análises do discurso hoje.** Rio de Janeiro: Nova Fronteira, 2010. v. 3. p. 59-77.

CHHIBBER, P.; KOLLMAN, K. Party Aggregation and the Number of Parties in India and the United States. **The American Political Science Review**, v. 92, n. 2, p. 329-342, jun. 1998.

CHINEM, R. **Assessoria de imprensa**: como fazer. São Paulo: Summus, 2003.

COOMBS, W. T. **Ongoing Crisis Communication**: Planning, Managing, and Responding. Texas: SAGE Publications, 2014.

COSTA, C. G. A. **Gestão de mídias sociais.** Curitiba: InterSaberes, 2017.

DI ASSIS, C.; ISIDORO, C. Z. Assessoria de imprensa e media training no gerenciamento de crises. **Revista Panorama**, v. 3, n. 1, p. 70-80, jan./dez. 2013. Disponível em: <http://seer.pucgoias.edu.br/index.php/panorama/article/view/3419/1998>. Acesso em: 21 jan. 2022.

DOURADO, T.; GOMES, W. O que são, afinal, fake news, enquanto fenômeno de comunicação política? In: CONGRESSO DA ASSOCIAÇÃO BRASILEIRA DE PESQUISADORES EM COMUNICAÇÃO E POLÍTICA, 8., Brasília, 2019. **Anais...** Brasília, UnB, 2019.

DUARTE, A. B. Nota à imprensa. **Instituto Igarapé**, 2016. Disponível em: <https://igarape.org.br/nota-a-imprensa>. Acesso em: 26 jan. 2022.

DUARTE, J. (Org.). **Assessoria de imprensa e relacionamento com a mídia**: teoria e técnica. 2. ed. São Paulo: Atlas, 2009.

DUARTE, J. Assessoria de imprensa: o caso brasileiro. **Revista Brasileira de Ciências da Comunicação**, v. 24, n. 1, p. 79-105, 2001. Disponível em: <http://portcom.intercom.org.br/revistas/index.php/revistaintercom/article/view/1017/919>. Acesso em: 26 jan. 2022.

DUARTE, J.; FARIA, A. M. Media training: capacitando fontes e porta-vozes. In: DUARTE, J. (Org.). **Assessoria de imprensa e relacionamento com a mídia**: teoria e técnica. 3. ed. São Paulo: Atlas, 2010. p. 360-372.

DUVERGER, M. **Os partidos políticos**. Rio de Janeiro: Zahar, 1970.

FANTINATI, C. E. Sobre o discurso político. **Alfa: Revista de Linguística**, São Paulo, n. 34, p. 1-10, 1990. Disponível em: <https://periodicos.fclar.unesp.br/alfa/article/view/3822/3529>. Acesso em: 25 jan. 2022.

FARACO, C. A.; TEZZA, C. **Prática de texto para estudantes universitários**. Petrópolis: Vozes, 1992. (Série Manuais Acadêmicos).

FARIA, D. J. de. **Crise de 1929**: convergências e divergências entre o Partido Democrata e o Partido Republicano nos Estados Unidos. 93 f. Dissertação (Mestrado em História) – Universidade de Brasília, Brasília, 2016. Disponível em: <https://repositorio.unb.br/bitstream/10482/21796/1/2016_D%c3%a9boraJacinthodeFaria.pdf>. Acesso em: 21 jan. 2022.

FARIAS, L. A. Comunicação em tempos de crise. Entrevista com José J Forni. **ORGANICOM**, ano 4, n. 6, p. 197-211, jan./jun. 2007. Disponível em: <https://www.revistas.usp.br/organicom/article/view/138934/134282>. Acesso em: 21 jan. 2022.

FENAJ – Federação Nacional dos Jornalistas. **Manual de assessoria de comunicação/imprensa 2007**. 4. ed. Brasília, 2007. Disponível em: <https://www2.unesp.br/Home/aci_ses/manual_de_assessoria_de_imprensa.pdf>. Acesso em: 25 jan. 2022.

FORNI, J. J. **Gestão de crises em comunicação**. São Paulo: Atlas, 2013.

FUCHS, C. Mídias sociais e a esfera pública. **Revista Contracampo**, v. 34, n. 3, p. 5-80, 2016. Disponível em: <https://periodicos.uff.br/contracampo/article/view/17552/pdf_1>. Acesso em: 25 jan. 2022.

GALICIA, J. S. **Treinta claves para entender el poder**: léxico de la nueva comunicación política. México: Piso 15 Editores, 2010.

GOMES, W. Esfera pública política e media II. In: RUBIM, A. A. C.; BENTZ, I. M. G.; PINTO, M. J. **Práticas discursivas na cultura contemporânea**. São Leopoldo: Compós/Editora da Unisinos, 1999. p. 203-231.

GONÇALVES, A. S.; ALMEIDA, B. T. P. de.; OLIVEIRA, J. D. L. de. A comunicação institucional do governo militar: a assessoria especial de relações públicas e a Revista Manchete. In: CONGRESSO DE CIÊNCIAS DA COMUNICAÇÃO NA REGIÃO SUL, 12., 2011, Londrina. **Anais**... Londrina: Intercom, 2011.

HABERMAS, J. **Mudança estrutural da esfera pública**: investigações quanto a uma categoria da sociedade burguesa. Rio de Janeiro: Tempo Brasileiro, 1984.

HERNANDES, R. Tecnologia pode tirar ciências humanas da Idade Média, diz Pierre Lévy. **Folha de S.Paulo**, set. 2019. Disponível em: <https://www1.folha.uol.com.br/ilustrada/2019/09/tecnologia-pode-tirar-ciencias-humanas-da-idade-media-diz-pierre-levy.shtml>. Acesso em: 25 jan. 2022.

HIELBERT, R. E. Ivy Lee: "Father of Modern Public Relations". **The Princeton University Library Chronicle**, v. 27, n. 2, p. 113-120, 1966.

INDRIUNAS, L. **Estratégias de relacionamento com stakeholders**. São Paulo: Senac, 2020. [e-book].

JORNAL O GLOBO. **Veja pronunciamento de Nelson Teich, ministro que pediu demissão nesta sexta-feira.** 15 maio 2020. Disponível em: <https://www.youtube.com/watch?v=v3gdgwEE8q4&t=23s>. Acesso em: 11 fev. 2022.

KARAM, F. J. C. **Jornalismo,** ética e liberdade. 4. ed. São Paulo: Summus, 2014.

KUNSCH, M. M. K. **Planejamento de relações públicas na comunicação integrada**. São Paulo: Summus, 2003.

LACERDA, A. D. F. de. O PT e a unidade partidária como problema. **Dados**, Rio de Janeiro, v. 45, n. 1, p. 39-76, 2002. Disponível em: <https://www.scielo.br/j/dados/a/qSzx7Vgp3FFbjT6kQ9rZSzs/?format=pdf&lang=pt>. Acesso em: 21 jan. 2022.

LAMEIRA, R. F.; PERES, P. O lugar do PMDB na política brasileira: o limite das tipologias partidárias. In: SEMINÁRIO INTERNACIONAL DE CIÊNCIA POLÍTICA, 1., 2015, Porto Alegre. **Anais**... Porto Alegre: UFRGS, 2015. Disponível em: <https://www.ufrgs.br/sicp/wp-content/uploads/2015/09/Rafael-LameiraPauloPeres.pdf>. Acesso em: 21 jan. 2022.

LATTIMORE, D. et al. **Relações públicas (recurso eletrônico):** profissão e prática. Porto Alegre: AMGH, 2011.

LAVAREDA, A. **Emoções ocultas e estratégias eleitorais.** Rio de Janeiro: Objetiva, 2009.

LÉVY, P. **Cibercultura.** São Paulo: Editora 34, 1999.

LIMA, V. A. de. **Mídia:** teoria e política. São Paulo: Fundação Perseu/Abramo, 2001.

LIS, L. Governo inclui EBC em plano de desestatização, primeiro passo para privatizara empresa. **G1**, 16 mar. 2021. Disponível em: <https://g1.globo.com/economia/noticia/2021/03/16/governo-inclui-ebc-em-plano-de-desestatizacao-primeiro-passo-para-privatizar-a-empresa.ghtml>. Acesso em: 21 jan. 2022.

MAFEI, M. **Assessoria de imprensa:** como se relacionar com a mídia. 5. ed. São Paulo: Contexto, 2015.

MARQUES, F. P. J. A. **Ciberpolítica:** conceitos e experiências. Salvador: Edufba, 2016.

MARQUES, F. P. J. A.; SAMPAIO, R. Internet e eleições 2010 no Brasil: rupturas e continuidades nos padrões mediáticos das campanhas políticas online. **Revista Galáxia**, n. 22, p. 208-221, 2011. Disponível em: <https://revistas.pucsp.br/index.php/galaxia/article/view/7065/6076>. Acesso em: 25 jan. 2022.

NEVES, D. S. **Estruturas de comunicação política de campanhas majoritárias municipais associada ao índice de democratização eleitoral no Brasil entre 2008 e 2016.** 127 f. Tese (Doutorado em Ciência Política) – Universidade Federal do Paraná, Curitiba. 2020. Disponível em: <https://acervodigital.ufpr.br/bitstream/handle/1884/69561/R%20-%20T%20-%20DANIELA%20SILVA%20NEVES.pdf?sequence=1&isAllowed=y>. Acesso em: 25 jan. 2022.

NEVES, D. S.; SANTOS, S. A Propaganda de rua, televisão e internet: governança eleitoral e o impacto para a comunicação política brasileira. In: CONGRESSO LATINOAMERICANO DE CIÊNCIA POLÍTICA, 9., Montevidéu, 2017. **Anais...** Montevidéu: Alacip, 2017.

NEVES, D. S.; SILVESTRINI, K. C.; LIMA, J. O uso do Facebook após a flexibilização da legislação eleitoral no período de pré-campanha. **Paraná eleitoral – Revista brasileira de direito eleitoral e ciência política**, v. 8, n. 1, p. 61-84, 2019.

ORTH, T.; SOARES, J. D. Empresa Brasil de Comunicação (EBC): a comunicação pública em declínio. **Revista Katálysis**, Florianópolis, v. 23, n. 3, p. 439-448, set./dez. 2020. Disponível em: <https://www.scielo.br/j/rk/a/95Jwjy8C78BdnpNq9jcnVWb/?format=pdf>. Acesso em: 21 jan. 2022.

PANAGOPOULOS, C. **Political Campaigns:** Concepts, Context and Consequences. New York: Oxford University Press, 2017.

PARANÁ. Agência Estadual de Notícias. **Pauta dia 6 – 16h:** Secretário da saúde atende a imprensa na chegada das vacinas. 6 maio 2021a. Disponível em: <https://www.aen.pr.gov.br/modules/noticias/article.php?storyid=112250&tit=PAUTA-DIA-6--16H-SECRETARIO-DA-SAUDE-ATENDE-A-IMPRENSA-NA-CHEGADA-DAS-VACINAS>. Acesso em: 25 jan. 2022.

PARANÁ. Agência Estadual de Notícias. **Pauta dia 18 – 10h:** governo do estado apresenta ações da operação Verão Paraná – Viva a Vida. 16 dez. 2021b. Disponível em: <https://www.aen. pr.gov.br/Noticia/PAUTA-DIA-18-10H-GOVERNO-DO-ESTADO-APRESENTA-ACOES-DA-OPERACAO-VERAO-PARANA-VIVA-VIDA>. Acesso em: 20 dez. 2021.

PARISER, E. **O filtro invisível:** o que a internet está escondendo de você. Rio de Janeiro: Zahar, 2012.

PARTIDO VERDE. **O partido.** Disponível em: <https://pv.org.br/opartido/>. Acesso em: 21 jan. 2022.

PEREIRA, M. J. L. de B. Desenvolvimento organizacional na administração pública: a correlação entre grau de institucionalização e a efetividade da mudança. **Revista de Administração Pública**, Rio de Janeiro, v. 19, n. 3, p. 75-105, jul./set. 1985. Disponível em: <https://bibliotecadigital.fgv.br/ojs/index.php/rap/article/view/10276/9266>. Acesso em: 21 jan. 2022.

PIRES, R. Você sabe o que é uma agência 360? Entenda abaixo!. **Rock Content Blog**, 2 jun. 2017. Disponível em: <https://rockcontent.com/br/blog/agencia-360>. Acesso em: 21 jan. 2022.

POLITO, R.; POLITO, R. **29 minutos para falar bem em público e conversar com desenvoltura.** Rio de Janeiro: Sextante, 2015.

PUFF, J. Tancredo fez política com o próprio corpo', diz o ex-porta-voz. **BBC News Brasil**, 15 mar. 2015. Disponível em: <https://www.bbc.com/portuguese/noticias/2015/03/150313_antonio_britto_entrevista_jp>. Acesso em: 21 jan. 2022.

RAMOS, G. **Instagram não é mais apenas um app de fotos, diz chefe da rede social.** 2 ago. 2021. Disponível em: <https://www.techtudo.com.br/noticias/2021/07/instagram-nao-e-mais-um-app-de-fotos-diz-chefe-da-rede-social.ghtml>. Acesso em: 26 jan. 2022.

RAMOS, R. R. **Batalha de hashtags:** uma proposta metodológica para monitoramento de controvérsias políticas no Twitter. 119 f. Dissertação (Mestrado em Comunicação) – Universidade Federal Fluminense, Niterói, 2019. Disponível em: <https://app.uff.br/riuff/bitstream/handle/1/15260/Dissertacao_Rangel_VERSAO_FINAL%20-%20Rangel%20Ramiro.pdf?sequence=1&isAllowed=y>. Acesso em: 25 jan. 2022.

REGO, G. T. F. **Comunicação empresarial/comunicação institucional:** conceito, estratégia, sistemas, estrutura, planejamento e técnicas. São Paulo: Summus, 1986.

RIBEIRO, V. A crise da comunicação política: os media, o jornalismo e a assessoria de imprensa como responsáveis pelo divórcio entre cidadãos e política. In: PRIOR, H.; GUAZINA, L.; ARAÚJO, B. (Org.). **Diálogos lusófonos em comunicação política.** Porto: Universidade do Porto, 2014. p. 101-122.

ROSSI, C. **Vale a pena ser jornalista?** São Paulo: Moderna, 1986.

ROSSINI, P. G. C. et al. O uso do Facebook nas eleições presidenciais brasileiras de 2014: a influência das pesquisas eleitorais nas campanhas online. In: CERVI, E.; MASSUCHIN, M.; CAVASSANA, F. (Org.). **Internet e eleições no Brasil.** Curitiba: CPOP, 2016. p. 149-179.

SALVADOR, A. B.; IKEDA, A. A.; CRESCITELLI, E. Gestão de crise e seu impacto na imagem de marca. **Gestão e Produção**, São Carlos, v. 24, n. 1, p. 15-24, jan./abr. 2017. Disponível em: <https://www.gestaoeproducao.com/article/10.1590/0104-530X1668-14/pdf/gp-24-1-15.pdf>. Acesso em: 25 jan. 2022.

SANTOS, L. H. L. dos. Retórica versus dialética: divagação a propósito do Górgias de Platão. **Analytica**, Rio de Janeiro, v. 17, n. 2, p. 249-263, 2013. Disponível em: <https://revistas.ufrj.br/index.php/analytica/article/view/2172/1902>. Acesso em: 25 jan. 2022.

SANTOS, M. A. M. **O discurso do ódio em redes sociais**. São Caetano do Sul: Lura Editorial, 2016.

SCHUDSON, M. **Why Democracies Need an Unlovable Press**. Malden, MA: Polity Press, 2008.

SILVEIRA, F. E. A dimensão simbólica da escolha eleitoral. In: FIGUEIREDO, R. (Org.). **Marketing político e persuasão eleitoral**. São Paulo: Fundação Konrad Adnauer, 2000. p. 115-146.

SQUIRRA, S. Convergência tecnológica, mídias aditivas e espiralação de conteúdos jornalísticos. In: LONGUI, R.; D'ANDREA, C. (Org.). **Jornalismo convergente**: reflexões, apropriações, experiências. Florianópolis: Insular, 2012. p. 107-124.

THOMPSON, J. B. **A mídia e a modernidade**: uma teoria social da mídia. Petrópolis: Vozes, 1998.

UOL NOTÍCIAS. **Redes sociais deram voz a legião de imbecis, diz Umberto Eco**. 11 jun. 2015. Disponível em: <https://noticias.uol.com.br/ultimas-noticias/ansa/2015/06/11/redes-sociais-deram-voz-a-legiao-de-imbecis-diz-umberto-eco.jhtm>. Acesso em: 26 jan. 2022.

VEIGA, L. Os partidos brasileiros na perspectiva dos eleitores: mudanças e continuidades na identificação partidária e na avaliação das principais legendas após 2002. **Opinião Pública**, Campinas, v. 13, n. 2, p. 340-365, 2007. Disponível em: <https://www.scielo.br/j/op/a/HnR4J3hCdRBwDGGWPRxnbXg/?format=pdf&lang=pt>. Acesso em: 25 jan. 2022.

VENCESLAU, P. Diretório do Novo vai avaliar impugnação da candidatura de Filipe Sabará. **UOL**, 23 set. 2020. Disponível em: <https://noticias.uol.com.br/eleicoes/estadao-conteudo/2020/09/23/diretorio-do-novo-vai-avaliar-impugnacao-da-candidatura-de-filipe-sabara.htm>. Acesso em: 25 jan. 2022.

WEBER, M. H. Imagem pública. In: RUBIM, A. (Org.). **Comunicação e política**: conceitos e abordagens. Salvador: Edufba; São Paulo: Edunesp, 2004. p. 259-308.

WESLLER, I. **300 dicas de marketing para mídias sociais**. [S.l.: s.n.]. 2018. E-book.

ZAJDSZNAJDER, L. Organização e administração de partidos políticos. **Revista de Administração Pública**, Rio de Janeiro, v. 15, n. 1, p. 134-146, jan./mar. 1981. Disponível em: <https://bibliotecadigital.tse.jus.br/xmlui/bitstream/handle/bdtse/4607/1981_zajdznajder_organizacao_administracao_partidos.pdf?sequence=1&isAllowed=y>. Acesso em: 26 jan. 2022.

Respostas

Capítulo 1

Questões para revisão

1. A visão de Lee, que deve ser considerada até a atualidade, é de transparência entre empresas/organizações com os jornalistas. O autor compreende que a boa assessoria de comunicação de uma organização, sendo ela empresa ou partido político (ou, ainda, celebridade) deve servir como canal de intermediação para todas as pessoas e grupos que façam parte das relações do assessorado.
2. A estratégia de ser fonte diz respeito a uma forma de ser referência na área em que a empresa/organização atua. Assim, não necessariamente os nomes do produto ou da empresa precisam ser citados. Do contrário, o tema em que a organização está inserida é que deve se tornar rotina nas pautas das redações. A empresa/organização passa a ser, dessa forma, uma fonte legítima do tema/assunto, gerando credibilidade perante a sociedade. Essa estratégia é fundamental até hoje, ainda mais em tempos da avalanche de informações gerada pelas redes

sociais. Ter o nome citado como fonte de credibilidade em um meio de comunicação gera muito mais retorno de imagem do que a simples citação de nome ou marca, pois comunica a ideia de confiança, e não de mais uma tentativa de venda de um produto ou de convencimento de uma ideia.
3. c
4. d
5. A comunicação 360° graus, ou comunicação integrada, é uma estratégia para compreender todas as ações de comunicação e marketing em um único lugar. Isso significa ter uma equipe de comunicação multidisciplinar para programar todas as ações, seja de assessoria de imprensa, comunicação interna ou externa, marketing de produto e de marca, tudo sob um mesmo guarda-chuva. Todo o plano de comunicação e assessoria de imprensa precisa integrar o planejamento da empresa/organização, compreendendo seus objetivos e suas metas.
6. d

Capítulo 2
Questões para revisão
1. d
2. A comunicação de partidos e políticos integra a comunicação política, área específica que trabalha para produzir uma imagem que gere apoio, votos e opinião. Entretanto, a mensagem produzida por partidos ou outras instituições públicas não necessariamente gerará uma imagem positiva. Além disso, quanto mais fragilizada estiver a imagem da política e dos políticos, mais difícil será controlar a opinião pública. Dessa forma, a comunicação partidária ajuda a melhorar o

relacionamento entre dirigentes, filiados e com a sociedade, além de atuar para fortalecer a imagem do partido e a importância da política.
3. a
4. b
5. a
6. É preciso ser cuidadoso, ter calma e profissionalismo e saber que, ainda assim, muitas vezes poderá não ser ouvido. Quando isso ocorre, é necessário insistir com muita cautela e paciência – ou seja, ser cuidadoso sem perder a elegância. De nada adianta querer forçar um relacionamento pessoal e profissional que não se tem com os jornalistas de redações: os relacionamentos profissionais são conquistados com tempo e muito trabalho.

Capítulo 3
Questões para revisão
1. d
2. a
3. a
4. As coletivas de imprensa somente devem ser convocadas quando o assunto for muito relevante para o setor representado ou de muito interesse público.
5. e
6. Como a expressão em inglês define, refere-se a um treinamento de mídia no qual são simuladas situações de entrevistas ou declarações, inclusive prevendo perguntas "ruins" para a empresa. O *media training* deve ser pensado para dirigentes estratégicos, escolhidos como os porta-vozes da organização, e ser realizado de forma contínua.

Capítulo 4
Questões para revisão
1. É importante compreender as regras e as limitações definidas pelas empresas detentoras das plataformas de redes sociais. Embora seja mais fácil alcançar pessoas no meio *on-line* do que no tradicional, é preciso saber como lidar com as mídias digitais, além de estabelecer o público-alvo e os objetivos da comunicação. A primeira barreira encontrada para tal são os algoritmos, filtros que criam bolhas de interação, ou seja, o usuário acaba vivendo em uma sociedade virtual fechada, comunicando-se sempre com as mesmas pessoas ou perfis, sem acesso a outros pensamentos. Além do algoritmo, outras ferramentas importantes para que um perfil chegue ao maior número de pessoas em rede social são o alcance e o engajamento. Quando uma postagem naturalmente tem um bom alcance, chamamos isso de *alcance orgânico*. Entretanto, as empresas vendem um maior alcance no chamado *impulsionamento*, a fim de que o perfil apareça na *timeline* de pessoas que não o veriam naturalmente. O engajamento orgânico ocorre quando o usuário reage a uma publicação (curte, compartilha e comenta) de forma espontânea, seja porque segue determinado perfil e gosta, seja porque um amigo compartilhou e atingiu a terceira pessoa. Para que tais estratégias sejam bem-sucedidas, também é necessário conhecer o comportamento do público-alvo nas redes sociais.
2. c
3. a
4. b
5. c

6. Pela legislação de 2015, não é considerada propaganda antecipada a menção à pretensa candidatura e a exaltação das qualidades dos pré-candidatos nas redes sociais, desde que não haja pedido explícito de voto. Assim, é possível citar uma pré-candidatura e explanar opiniões, projetos ou, ainda, participar de debates e *lives*, desde que não haja pedido de voto.

Capítulo 5
Questões para revisão
1. d
2. b
3. É importante responder a quem deixou comentários nas postagens, sendo estes positivos ou negativos, bem como contra-argumentar críticas com educação e com informações embasadas. Cada comentário merece uma resposta única, e não uma mera repetição de respostas automáticas.
4. c
5. As *hashtags* ajudam a acompanhar quais são os temas mais comentados nas redes em determinado momento. Além disso, por meio delas, pode-se fazer a busca por temas de interesse nas redes sociais. Pensando nisso, é indicado que o produtor do perfil monte uma biblioteca de *hashtags* para usar nas postagens, de acordo com o tema a ser publicado. Com isso, os seguidores podem replicar *hashtags* indicadas por um perfil e ajudar a viralizar o conteúdo.

Capítulo 6
Questões para revisão
1. d
2. Segundo o conceito de comunicação integrada, ou 360° graus, é importante ter uma equipe de comunicação multidisciplinar para programar todas as ações: assessoria de imprensa, comunicação interna ou externa, marketing de produto e de marca etc. Dessa forma, qualquer conteúdo de comunicação, inclusive o *release*, precisa ser planejado diante de uma estratégia de divulgação mais ampla.
3. Os profissionais da comunicação são peças importantes para manter os nomes do partido nas mídias durante o período que antecede as campanhas. Contudo, o trabalho de assessoria de comunicação vai além das eleições e tem de lidar com tudo o que se passa nas mais diversas mídias – tradicionais e sociais – e filtrar as informações relevantes para o partido. Na divulgação, o assessor tem o papel de criar condições para que as atividades dos políticos mereçam a atenção da mídia. Assim, esse profissional marca entrevistas sobre temas relevantes, mostra as ações do político diante de fatos que são notícias naquele dia, bem como seu posicionamento. Também acompanha a agenda do dirigente/político, além de estar atento a tudo o que se passa sobre o tema na imprensa e de manter seu assessorado informado. Atualizado e conectado com o discurso da pessoa assessorada, o comunicador saberá aproveitar momentos oportunos para sugerir pautas, artigos ou notas de assuntos relevantes para a imprensa e *blogs*, além de planejar *posts* para as mais diversas redes sociais.
4. a
5. c

Consultando a legislação

As leis a seguir valem a pena ser consultadas, pois se referem à propaganda eleitoral:

BRASIL. Lei n. 8.214, de 24 de julho de 1991. **Diário Oficial da União**, Poder Legislativo, Brasília, DF, 25 jul. 1991. Disponível em: <https://www.planalto.gov.br/ccivil_03/leis/l8214.htm>. Acesso em: 26 jan. 2022.

BRASIL. Lei n. 9.100, de 29 de setembro de 1995. **Diário Oficial da União**, Poder Legislativo, Brasília, DF, 2 out. 1995. Disponível em: <https://www.planalto.gov.br/ccivil_03/leis/l9100.htm>. Acesso em: 26 jan. 2022.

BRASIL. Lei n. 9.504, de 30 de setembro de 1997. **Diário Oficial da União**, Poder Legislativo, Brasília, DF, 1 out. 1997. Disponível em: <http://www.planalto.gov.br/ccivil_03/leis/l9504.htm >. Acesso em: 26 jan. 2022.

BRASIL. Lei n. 11.300, de 10 de maio de 2006. **Diário Oficial da União**, Poder Legislativo, Brasília, DF, 11 maio 2006. Disponível em: <http://www.planalto.gov.br/ccivil_03/_ato2004-2006/2006/lei/l11300.htm>. Acesso em: 26 jan. 2022.

BRASIL. Lei n. 12.034, de 29 de setembro de 2009. **Diário Oficial da União**, Poder Legislativo, Brasília, DF, 30 set. 2009. Disponível em: <http://www.planalto.gov.br/ccivil_03/_ato2007-2010/2009/lei/l12034.htm>. Acesso em: 26 jan. 2022.

BRASIL. Lei n. 12.891, de 11 de dezembro de 2013. **Diário Oficial da União**, Poder Legislativo, Brasília, DF, 12 dez. 2013. Disponível em: <https://www.planalto.gov.br/ccivil_03/_Ato2011-2014/2013/Lei/L12891.htm >. Acesso em: 26 jan. 2022.

BRASIL. Lei n. 13.165, de 29 de setembro de 2015. **Diário Oficial da União**, Poder Legislativo, Brasília, DF, 29 set. 2015. Disponível em: <http://www.planalto.gov.br/ccivil_03/_ato2015-2018/2015/lei/l13165.htm>. Acesso em: 26 jan. 2022.

BRASIL. Lei n. 13.488, de 6 de outubro de 2017. **Diário Oficial da União**, Poder Legislativo, Brasília, DF, 6 out. 2017. Disponível em: <https://www.planalto.gov.br/ccivil_03/_ato2015-2018/2017/lei/L13488.htm>. Acesso em: 26 jan. 2022.

Sobre a autora

Daniela Neves é jornalista com atuação em diversos veículos de imprensa no Paraná. Para sua atividade como repórter, especializou-se em política e cobertura de temas eleitorais. Tem mestrado e doutorado em Ciência Política pela Universidade Federal do Paraná (UFPR) e realizou parte do doutorado na Tulane University (EUA) como bolsista de um programa de doutorado-sanduíche no exterior. Suas pesquisas acadêmicas são focadas em eleição, participação e democracia eleitoral. Também trabalhou como assessora de imprensa da Prefeitura de Curitiba (Gestão 2013-2016), além de ter atuado em campanhas eleitorais como assessora de comunicação.

Os papéis utilizados neste livro, certificados por instituições ambientais competentes, são recicláveis, provenientes de fontes renováveis e, portanto, um meio responsável e natural de informação e conhecimento.

FSC
www.fsc.org
MISTO
Papel produzido a partir de fontes responsáveis
FSC® C103535

Impressão: Reproset
Maio/2022